普通高等教育"十三五"规划教材
应用型院校会计专业核心课程教材

外贸会计实训

余孝文 主　编
张　欣 副主编

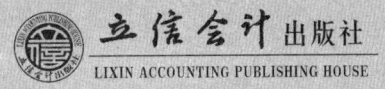

图书在版编目(CIP)数据

外贸会计实训 / 余孝文主编. —上海：立信会计出版社, 2019.4
ISBN 978-7-5429-6098-6

Ⅰ. ①外⋯ Ⅱ. ①余⋯ Ⅲ. ①外贸企业会计 Ⅳ. ①F740.45

中国版本图书馆 CIP 数据核字(2019)第 048944 号

责任编辑　　王斯龙

外贸会计实训

Waimao Kuaiji Shixun

出版发行	立信会计出版社			
地　　址	上海市中山西路 2230 号	邮政编码	200235	
电　　话	(021)64411389	传　真	(021)64411325	
网　　址	www.lixinaph.com	电子邮箱	lxaph@sh163.net	
网上书店	www.shlx.net	电　话	(021)64411071	
经　　销	各地新华书店			
印　　刷	常熟市梅李印刷有限公司			
开　　本	787 毫米×1092 毫米	1/16		
印　　张	12.25			
字　　数	245 千字			
版　　次	2019 年 4 月第 1 版			
印　　次	2019 年 4 月第 1 次			
印　　数	1—3100			
书　　号	ISBN 978-7-5429-6098-6/F			
定　　价	29.00 元			

如有印订差错,请与本社联系调换

前　　言

2016年5月1日起,在全国范围内全面推开营业税改征增值税试点(以下简称"营改增"),营业税退出历史舞台。从2018年5月1日起,增值税三档税率改为16%、10%、6%。2019年政府工作报告提出:我国增值税基本税率由目前的16%降至13%,10%降至9%,保持6%不变,确保所有行业税负只减不增,继续由三档向两档迈进。税法在变,会计法规在变,相应的教材也应该及时更新。《外贸会计实训》以最新的税法和《企业会计准则》为依据,将"营改增"等新的内容以及增值税新的税率体现在教材中,并针对外贸会计实训教学平台所需要的国际贸易、国际金融等方面的知识进行介绍。

《外贸会计实训》共8章,是外贸会计实训教学平台的配套用书,也是一本从事货物贸易、服务贸易等财会、审计人员的必备学习用书。该书主要针对外贸企业的特点,突出实用性、新颖性和可操作性,全面系统地讲述了外汇业务会计、出口贸易会计、进口贸易会计和加工贸易会计、出口退税会计等内容。为了便于学生在外贸会计实训教学平台进行实训,相关章节还配套了外贸会计实训教学平台的相应例题。

本书由主编余孝文、副主编张欣共同负责全书的总撰和统稿。其他分工如下:第一章张欣,第二章、第三章余孝文,第四章刘丹,第五章吴冉,第六章时心怡,第七章、第八章王燕。

本书既可作为高等院校会计专业外贸会计教学和学习用书,也可作为外贸会计工作者以及外贸企业的相关人员的自学参考用书。

在本书的编写过程中,我们参考了不少专著和教材,得到了有关专家学者、院校领导的大力支持,在此一并表示感谢!

由于编者水平有限,书中疏漏之处在所难免,敬请读者批评指正。

编　者

目 录

第一章 外贸会计概述 ··· 1
第一节 外贸会计的基本内涵 ·· 2
第二节 外贸会计规范 ··· 5
第三节 外贸企业工作流程与外贸会计岗位 ·· 12

第二章 价格条款与国际贸易结算 ··· 15
第一节 国际贸易术语 ··· 16
第二节 国际贸易术语的价格构成及价格条款 ·· 20
第三节 国际贸易货款结算 ··· 23

第三章 外汇业务会计 ··· 35
第一节 外汇业务概述 ··· 36
第二节 外币交易的会计方法 ·· 42
第三节 外币交易的会计处理 ·· 45
第四节 汇兑损益的内涵和会计处理 ··· 53

第四章 出口贸易会计 ··· 72
第一节 出口贸易概述 ··· 73
第二节 出口商品购进的会计处理 ·· 77
第三节 自营出口销售的会计处理 ·· 81
第四节 代理出口业务的会计处理 ·· 92

第五章 进口贸易会计 ··· 113
第一节 进口贸易概述 ··· 114
第二节 自营进口贸易的会计处理 ·· 120
第三节 代理进口业务的会计处理 ·· 130

第六章 加工贸易会计 …… 144
第一节 加工贸易概述 …… 145
第二节 进料加工及会计处理 …… 148
第三节 来料加工及会计处理 …… 151

第七章 关税 …… 165
第一节 关税概述 …… 166
第二节 关税的计量与会计处理 …… 168
第三节 关税征收管理 …… 171

第八章 出口退税 …… 174
第一节 出口退（免）税概述 …… 175
第二节 外贸企业出口退税 …… 177
第三节 生产型企业出口退（免）税 …… 181

参考文献 …… 190

第一章 外贸会计概述

学习目的与要求
（1）理解外贸会计的意义。
（2）掌握外贸会计的对象及特点。
（3）熟悉外贸会计的内容。
（4）了解外贸会计规范的发展历程。
（5）掌握外贸会计的会计科目。
（6）掌握外贸企业工作流程。
（7）熟悉外贸会计岗位。

重点
外贸会计的对象及特点。

难点
（1）外贸会计的对象及特点。
（2）外贸会计工作流程。

导　读

　　改革开放以来，外贸领域在为国家创收外汇、支持经济建设的进口用汇等方面，作出了巨大的贡献。2001年11月，我国加入世界贸易组织后，国内市场迅速和国际市场融为一体。我国"参与世界贸易组织的议定书"中规定的"在加入后3年内使所有在中国的企业均有权……从事所有货物的贸易"。由此，我国外贸企业数量空前增长，截至2017年中小外贸企业已超过500万户。2013年，"一带一路"倡议的提出更是为我国外贸企业打开了新的贸易大市场。同时，企业在转型升级的浪潮中遭遇"机器换人""互联网＋""智能化"、跨境电商等新业态的冲击，外贸企业已进入深度创新升级的"新世界"。在此背景下，外贸企业的会计工作除了处于我国企业会计准则和会计制度的规范之内，也完全处于国际市场的环境中，受到众多国际惯例和国际会计规范的约束，这就使我国外贸会计的内容富有自身的特色。
　　那么，什么是外贸会计？外贸会计有什么特点？它包括哪些方面的内容？通过本章的学习，我们就会明白这些问题。

第一节 外贸会计的基本内涵

一、外贸会计的含义及意义

(一)外贸会计的含义

外贸会计也称外贸企业会计,是应用于外贸行业对外贸易业务,并涉及外币交易的会计。外贸会计以货币作为主要计量单位,对外贸企业的经济活动信息通过收集、加工,提供以会计信息为主的经济信息,并为取得最佳经济效益,对经济活动进行控制、分析、预测和决策的一种经济管理活动。

(二)外贸会计的意义

从宏观经济形势来看,自改革开放以来,我国的对外贸易飞速增长,特别是近年来,世界经济温和复苏,国内经济稳中向好,推动我国外贸进出口总值持续增长。据海关统计,2017年,我国货物贸易进出口总值27.79万亿元人民币,其中,出口总值15.33万亿元人民币,进口总值12.46万亿元人民币,贸易顺差2.87万亿元人民币。尤其是出口,长期以来一直与投资及内需共同成为拉动我国GDP增长的"三驾马车"。我国还曾被国外誉为"世界工厂"。这些对我国国民经济的繁荣与就业的增长,都起着巨大的推动作用。

从外贸企业的微观经营来看,出口总额有增长并不是目的,出口必须最终能获取利润并且能转化成现汇,使资金链运转顺畅才是企业生存之道。这就要求外贸企业有高素质的外贸会计人员参与其中。否则,就会出现我国历史上曾发生过的出口成交量与收汇额越多,而亏损却越大直到难以为继的境地。这就使外贸会计学科得到了进一步的重视。特别是外贸企业的会计工作处在国际市场环境中,受到众多国际惯例和国际会计规范以及国内金融规章的制约,其会计核算具有行业特点,仅仅具有会计核算功底,没有经过专业教学培养,极难胜任工作。经验表明,我国会计科系毕业生直接就职到外贸会计岗位时,往往会茫然不知所措。这说明了必须有独立的外贸会计学科,也说明了相关院校有必要开设外贸会计课程。

二、外贸会计的对象及特点

(一)外贸会计的对象

一般地说,会计的对象是指会计所要记录、计算、反映、监督的客体,即以货币为单位来衡量的经济活动。外贸会计的对象是指外贸企业会计核算和监督的内容,具体表现为外贸企业资金的周转过程。

由于各类企业的资金周转过程的具体内容不同,会计对象的具体内容也随之而有所不同。例如，商品流通企业与工业企业不同，商品流通企业只有供应和销售两个过程，没有典型的生产过程，而工业企业则有供应过程、生产过程和销售过程。

外贸企业虽然与商业企业同属商品流通领域，但外贸企业的业务是国际商品流通，其主要经营活动包括进口、出口与加工贸易三个方面。外贸企业所从事的组织商品流通活动，与一般的国内商品流通有很大的不同。其具体表现是外贸企业的商品流通，要通过国内、国际两个市场，涉及国内、国际两种价格，使用本国货币与外币两种以上货币。因此，外贸企业经营过程的货币资金运动形态表现为"外币→人民币"或"人民币→外币"的转换过程。这是因为在我国现行的外汇管理体制下，尽管企业已有一定的自主权，但进口和出口业务都有一个结汇问题，即在出口经营活动中，外贸企业要将出口商品销售所得外汇，无论是现汇还是记账外汇，卖给国家外汇专业银行以取得人民币；而在进口经营活动中，又要用人民币向银行购买外汇以支付货款。其中：在出口业务资金周转中，一卖商品，二卖外汇，即所谓"卖中有卖"；在进口业务资金周转中，一买商品，二买外汇，即所谓"买中有买"。外贸企业在其资金循环过程中所特有的本币与外币之间的不断转换的过程，形成了外贸企业资金运动的特殊性。外贸企业进出口业务的资金运动如图1-1和图1-2所示。

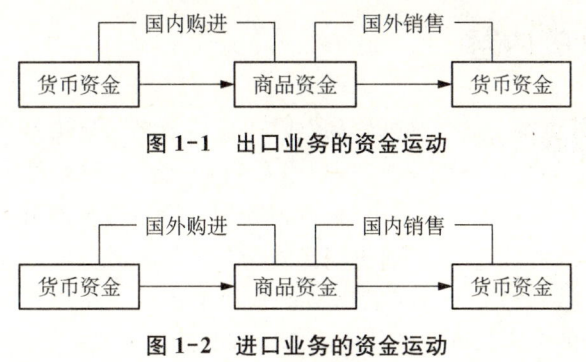

图1-1　出口业务的资金运动

图1-2　进口业务的资金运动

（二）外贸会计的特点

尽管外贸会计遵循的也是企业会计准则对会计要素的确认、计量和报告的规定，但外贸企业的业务是跨国境的，跨国境的含义是无论出口、进口或者加工贸易，除了要收、付外币之外，还要有关税支出、远距离的运输等，特别是外币的收、付经常面临着国内、国外的外汇管制等，这就决定了外贸会计核算与一般企业的会计核算有所不同。也就是说，外贸会计因其特殊的资金流转、货物流转、交易结算以及出口退税等环节，形成了不同于其他行业的会计特点，主要体现在以下几个方面。

1. 涉及国际贸易和国际金融方面的知识

外贸企业的性质决定了其主要从事对外贸易业务，而对外贸易在多年的运行过程中形成了具有自身特点的惯例和规则，包括国际贸易术语（如FOB、CFR、CIF）、结算方式（如汇票、托收、汇付、信用证）、贸易方式（如自营贸易、代理贸易、加工贸易）等。

2. 需设置记录外汇业务的复币式记账

外贸企业与国外客户进行交易时，通常使用外汇，为了反映企业在国际贸易中的外币交易情况，在设置收入、支出、结算等会计账户时，会计核算需设置记录外汇业务的复币式账户,同时反映外币与人民币金额。特别是实行浮动汇率制后,防范外汇汇率风险对企业来说变得更为重要。

3. 需进行汇兑损益的会计处理

由于国际贸易通常使用外币结算,且会计上收入、支出的确认入账时间和实际收、付时间不一致,使得在汇率变动的情况下产生了汇兑损益,所以要记录、核算汇率变动对企业损益的影响。

4. 涉及较多的税收知识

外贸企业在从事进出口交易的过程中,组织货物进出关境时要向海关缴纳必要的税收,包括关税、增值税、消费税等;货物出口时还要进行出口退税,退还其在国内已缴纳的增值税和消费税。这些税种的计算、缴纳和核算都要涉及较多的税收知识。

5. 既要遵循我国法律,又要遵守国际惯例

由于外贸企业的进出口等业务要面临国际、国内两个市场,所以外贸会计在货款结算、价格条件、关税计算等方面既要符合我国的相关法律规范,又要符合国际惯例,否则会引起贸易纠纷,使外贸企业遭受损失。

三、外贸会计的内容

对外贸易(简称"外贸"),亦称"国外贸易"或"进出口贸易",是指一个国家(地区)同另一个国家(地区)之间的商品和劳务的交换。从国际范围来看,这种商品和劳务的交换活动就称为国际贸易或世界贸易,这种贸易由出口、进口和加工贸易三个部分组成。对运进商品和劳务的国家(地区)来说,就是进口;对运出商品或劳务的国家(地区)来说,就是出口;外贸企业自境外取得原材料,对其加工为成品后出口就是加工贸易。外贸企业的对外贸易的主要方式,决定了外贸会计的内容。外贸会计的内容可划分为如下四个类型。

(一) 出口贸易会计

出口贸易会计主要包括自营出口贸易的会计、代理出口贸易的会计以及出口退税的会计。

国内采购或自产商品或劳务 → 出口 → 结算(外币 → 本币)

(二) 进口贸易会计

进口贸易会计主要包括自营进口贸易的会计、代理进口贸易的会计以及进口付汇的监管。

国外采购商品或劳务 → 进口 → 结算(本币 → 外币) → {国内销售(商品) / 自用设备(固定资产) / 自用物资(材料)}

(三) 加工贸易会计

所谓加工可包括自身加工、同一关区其他企业转移加工和不同关区的深加工。加工贸易由于取得原材料的来源不同,分为来料加工和进料加工两种情况,加工贸易会计则包括进料加工会计、来料加工会计。

$$进口 \rightarrow 结算(本币 \rightarrow 外币) \rightarrow 加工$$
$$生产 \rightarrow 出口 \rightarrow 结算(外币 \rightarrow 本币)$$

(四) 技术进出口会计

技术进出口会计核算的内容涉及无形贸易的特点。本教材不涉及这部分内容。

出口贸易会计与进口贸易会计两种类型的差异基本上只是企业所处地位不同,是进出口业务的两个方面。以上四种类型都会涉及国内、国外两个市场以及本币和外币两种货币,还会涉及价格条件、运输、保险、佣金、税收、结算等环节,这就决定了外贸会计核算自身的特殊性。

第二节 外贸会计规范

一、外贸会计规范的发展历程

新中国成立后,我国外贸会计的管理体制大致可以分为三个阶段。

(一) 1950—1993 年

这一阶段国家实行外贸进出口专营,对外汇进行管制,外贸会计的管理体制仿照苏联计划经济的模式,实行全国统一的会计制度。外贸主管部门在这个总模式下发布了外贸企业的会计制度。

(二) 1993—2006 年

1993 年,我国开始与国际"接轨",实施市场经济型的会计管理模式。财政部发布了第一批《企业会计准则》和 13 个行业会计制度。外贸企业会计被统一到《商品流通企业会计制度》的规范之内。

2001 年,财政部又发布了《企业会计制度》,同时补充颁发了 12 个《会计核算办法》。全国大中型企业陆续开始过渡。外贸主管部门只以工作手册形式下发细则指南。2004 年起,财政部又发布了《小企业会计制度》。

(三) 2007 年起至今

2006 年,财政部又修订发布了《企业会计准则》及其应用指南,并于 2007 年 1 月 1 日起施行。随后在 2013 年发布了《小企业会计准则》及其会计科目、主要账务处理和财务报表。在"十二五"规划中,拟定在上市公司和大中型企业范围内实施《企业会计准则》,在小型企业范围内实施《小企业会计准则》。相应废止行业会计制度、《企业会计制度》等原有企业会计处理规定。此后,外贸企业遵循的是统一的《企业会计准则》。

二、外贸企业的会计科目

会计科目是对会计对象的具体内容进行分类的项目名称,是对会计对象所作的进一步分类。这种分类的目的就是要使会计所提供的信息能够满足企业内部经营管理的需要,能够满足对外提供财务报告的需要。

2008年,财政部颁布的《企业会计准则应用指南——会计科目和主要账务处理》,对企业单位可能需要使用的会计科目进行了设置,企业在不违反《企业会计准则》中确认、计量和报告规定的前提下,可以根据本单位的实际情况自行增设、分拆、合并会计账户。对于明细账户,企业可以比照本附录中的规定自行设置。会计账户编号供企业填制会计凭证、登记会计账簿、查阅会计账目、采用会计软件系统时参考,企业可结合实际情况自行确定会计账户编号。

据此,外贸企业可以根据行业特点,结合企业实际,增减必要的会计科目,形成一套符合外贸企业特点的会计科目体系,以满足各方对外贸会计信息的需求。外贸企业的会计科目如表1-1所示。

表1-1 会计科目表

顺序号	编号	名称
		一、资产类
1	1001	库存现金
2	1002	银行存款
3	1012	其他货币资金
	101201	外埠存款
	101202	银行本票
	101203	银行汇票
	101204	信用卡
	101205	信用证保证金
	101206	存出投资款
4	1101	交易性金融资产
	110101	成本
	110102	公允价值变动
5	1121	应收票据
6	1122	应收账款
	112201	*应收外汇账款
7	1123	预付账款
	112301	*预付外汇账款
8	1131	应收股利

(续表)

顺序号	编号	名称
9	1132	应收利息
10	1221	其他应收款
	122101	*应收出口退税
11	1231	坏账准备
12	1321	受托代销商品
13	1401	材料采购
14	1402	在途物资
15	1403	原材料
16	1404	材料成本差异
17	1405	库存商品
18	1406	发出商品
19	1407	商品进销差价
20	1408	委托加工物资
	140801	*来料加工
	140802	*进料加工
21	1411	周转材料
22	1461	融资租赁资产
23	1471	存货跌价准备
24	1501	持有至到期投资
25	1502	持有至到期投资减值准备
26	1503	可供出售金融资产
	152301	成本
	152302	利息调整
	152303	应计利息
	152304	公允价值变动损益
27	1511	长期股权投资
	152401	投资成本
	152402	损益调整
	152403	其他权益变动
28	1512	长期股权投资减值准备
29	1521	投资性房地产
	152101	投资成本
	152102	公允价值变动
30	1531	长期应收款

(续表)

顺序号	编号	名称
31	1532	未实现融资收益
32	1601	固定资产
33	1602	累计折旧
34	1603	固定资产减值准备
35	1604	在建工程
36	1605	工程物资
37	1606	固定资产清理
38	1701	无形资产
39	1702	累计摊销
40	1703	无形资产减值准备
41	1711	商誉
42	1801	长期待摊费用
43	1811	递延所得资产
44	1901	待处理财产损溢
	190101	待处理流动资产损溢
	190102	待处理固定资产损溢
		二、负债类
45	2001	短期借款
	200101	*短期外汇借款
46	2101	交易性金融负债
47	2201	应付票据
48	2202	应付账款
	220201	*应付外汇账款
49	2203	预收账款
	220301	*预收外汇账款
50	2211	应付职工薪酬
	221101	工资
	221102	职工福利
	221103	社会保险费
	221104	住房公积金
	221105	工会经费
	221106	职工教育经费
	221107	非货币性福利

(续表)

顺序号	编号	名称
	221108	辞退福利
	221109	股份支付
51	2221	应交税费
	222101	应交增值税
	22210101	进项税额
	22210102	已交税金
	22210103	转出未交增值税
	22210104	减免税款
	22210105	销项税额
	22210106	出口退税
	22210107	进项税额转出
	22210108	出口抵减内销产品应纳税额
	22210109	转出多交增值税
	222102	应交消费税
	222103	应交资源税
	222104	应交所得税
	222105	应交土地增值税
	222106	应交城市维护建设税
	222107	应交房产税
	222108	应交土地使用税
	222109	应交车船税
	222110	应交矿产资源补偿税
	222111	应交个人所得税
	222112	应交教育费附加
	222113	应交进口关税
	222114	应交进口消费税
	222115	应交出口关税
52	2231	应付利息
53	2232	应付股利
54	2241	其他应付款
55	2401	递延收益
56	2501	长期借款
	250101	*长期外汇借款
57	2502	应付债券

(续表)

顺序号	编号	名称
	250201	债券面值
	250202	利息调整
	250203	应计利息
58	2701	长期应付款
59	2702	未确认融资费用
60	2711	专项应付款
61	2801	预计负债
62	2901	递延所得税负债
		三、共同类
63	3002	外汇买卖
64	3101	衍生工具
65	3201	套期工具
66	3202	被套期项目
		四、所有者权益类
67	4001	实收资本
68	4002	资本公积
	400201	资本(或股本)溢价
	400202	其他资本公积
69	4101	盈余公积
	410101	法定盈余公积
	410102	任意盈余公积
	410103	利润归还投资
70	4103	本年利润
71	4104	利润分配
	410401	提取法定盈余公积
	410402	提取任意盈余公积
	410403	应付现金股利
	410404	盈余公积补亏
	410405	未分配利润
72	4201	库存股
		五、成本类

（续表）

顺序号	编号	名称
73	5001	生产成本
74	5101	制造费用
75	5201	劳务成本
76	5301	研发支出
		六、损益类
77	6001	主营业务收入
	600101	＊自营出口销售收入
	600102	＊自营进口销售收入
	600103	＊代理出口销售收入
	600104	＊代理进口销售收入
78	6051	其他业务收入
	605101	＊来料加工出口销售收入
	605102	＊进料加工出口销售收入
	605103	＊补偿贸易出口销售收入
	605104	＊易货贸易出口销售收入
	605105	＊内销商品销售收入
	605106	＊代理手续费收入
	605107	其他销售收入
79	6101	公允价值变动损益
80	6111	投资收益
81	6301	营业外收入
82	6401	主营业务成本
	640101	＊自营出口销售成本
	640102	＊自营进口销售成本
	640103	＊代理出口销售成本
	640104	＊代理进口销售成本
83	6402	其他业务成本
	640201	＊来料加工出口销售成本
	640202	＊进料加工出口销售成本
	640203	＊补偿贸易出口销售成本
	640204	＊易货贸易出口销售成本
	640205	＊内销商品销售成本
	640206	其他销售成本

(续表)

顺序号	编号	名称
84	6403	税金及附加
85	6411	利息支出
86	6601	销售费用
87	6602	管理费用
88	6603	财务费用
	660301	*汇兑损益
89	6701	资产减值损失
90	6711	营业外支出
91	6801	所得税费用
92	6901	以前年度损益调整

说明：
(1) 科目编号及名称基本按《企业会计准则应用指南——会计科目和主要账务处理》的规定编排。
(2) 科目前带"＊"号的，为根据外贸企业特点而增设的。
(3) 对于带"＊"号的科目，外贸企业也可以作为一级科目来进行核算。

第三节　外贸企业工作流程与外贸会计岗位

一、外贸企业工作流程

外贸企业由于业务的特殊性，工作流程也区别于一般商品流通企业，其主要工作流程如下：

(1) 注册和变更外贸企业（外贸公司或生产企业）。
(2) 一般纳税人认定、出口退税认定。
(3) 海关"电子口岸"网上核销单申领及外管局领取纸质核销单。
(4) 当地海关购买或领取报关单及报关委托书。
(5) 海关"电子口岸"网上出货港口备案。
(6) 单证员办理相关商检、报关手续，报关资料交与货代公司代理报关或企业报关员自行报关。
(7) 取得货代公司报关单预录单，开具出口（外销）统一发票（按报关预录单开具发票，具体有打印模板），当月作销售处理。
(8) 外贸公司需及时取得进货发票（一般出口销售当月取得进货发票，最迟进货发票开票时间不得滞后报关出口时间30天），当月进项发票当月认证，由于外贸企业购进的商品用于出口，所以进项税额不允许抵扣，月初增值税网上申报作不予抵扣处理。

(9)海关"电子口岸"网上"出口收汇"模块,核销单信息网上提交给外管局,及"出口退税"模块,报关单信息网上提交给税务机关。

(10)收到外汇通知及人民币结汇,办理"出口收汇"网上核销报审手续。新企业还需持相关核销报表等到外管局大厅办理人工审核盖章。

(11)根据纸质报关单(退税联)、核销单、外销发票(退税联)、外贸公司增值税发票(抵扣联)等相关资料,申报出口退税。

(12)进行出口退税会计处理等相应会计工作。

(13)做好出口退税业务单证备案工作。

贸易型外贸公司退税单证:(两票一单)增值税发票(抵扣联)、出口发票(退税联)、报关单(退税联)、单证备案目录。

生产型外贸企业退税单证:(一票一单)出口发票(退税联)、报关单(退税联)、单证备案目录。

二、外贸会计岗位

对外贸会计岗位的设置,必须在具体会计业务外,多注意外贸企业的经济效益、资金回笼、汇率变动等相关问题;不能仅以掌握会计分录和具体单证等为目标。外贸企业的具体工作岗位,要根据其规模的大小,设置各种财务及会计岗位,可以一人一岗、一人多岗或多人一岗,务必使与上述进出口业务流程各环节相关的财会工作得以落实。一般设如下几个岗位。

(一)外汇资金岗

(1)掌管银行外汇存款账户,管理支票、汇票等票据。月终与银行对账。

(2)审查外汇收支的凭证是否符合现行外汇管理规定。

(3)具体向外汇管理局办理进口付汇及出口收汇的核销。

(4)负责国际收支统计凭证报表的填报。

(5)联系外汇贷款的申请、使用监督与督促还贷。

(二)出口会计岗

(1)审核出口合同和信用证。

(2)催促业务部门转来进口客户开来的信用证。

(3)接到业务部门转来的正本提单等全套单证后登记出口商品销售账并结转成本。审查出口运费、保险费及佣金。

(4)对逾期未收汇情况及时抄单通知业务部门催收。

(5)年终负责与出口部门一起清查盘点库存。

(三)进口结算岗

(1)收到合同副本后,检查合同内容项目在财务上是否合理。

(2)收到银行转来发货单证后进行审单,在规定期限内办理付款赎单或承兑汇票手续。

(3)严格执行企业内部付款审批等有关规定。

(4)对进口关税、增值税及消费税严格审查,按规定期限交款。

（5）收到国外账单或进口货船到达通知后，按合同规定及时办理货款结算手续。

（四）出口退税岗

（1）确保及时办妥出口退税申报，争取足额到位。

（2）及时取得与购货有关的增值税专用发票、专用缴款书、外汇核销单、报关单、外销发票等并进行审核，发现问题及时处理。

（3）收到税务局退税清单后及时核对，核对应退数和实退数是否相符，并装订成册。

本章小结

  自2009年以来，我国成为全球第一大贸易出口国，随后又在2013年首次超越美国，跃居世界第一大货物贸易国，并保持连续多年世界第一。随着我国外贸领域供给侧结构性改革的深入推进，外贸创新发展的动能转换加快，我国进出口结构将进一步优化。外贸会计伴随着外贸行业的发展也经历了翻天覆地的变化，从行业会计制度到企业会计准则，从不断进步的会计理论到日臻成熟的会计实务。本章除对外贸行业会计的变迁过程作了概述外，还就外贸会计的对象、特点、外贸会计内容、会计科目、会计工作流程及会计岗位作一概要介绍。

关键术语

  外贸会计　对象　特点　出口贸易会计　进口贸易会计　加工贸易会计　技术进出口会计　外贸会计规范　外贸会计科目　外贸企业工作流程　外贸会计岗位　出口会计岗　进口结算岗　出口退税岗

思考题

1. 什么是外贸会计？
2. 外贸会计的特点有哪些？
3. 简述外贸会计的基本类型。
4. 简述外贸企业的资金运动的特殊性。

第二章 价格条款与国际贸易结算

学习目的与要求
（1）理解国际贸易术语的含义。
（2）掌握常用的国际贸易术语。
（3）了解通用的国际贸易术语。
（4）熟悉国际贸易术语的价格构成。
（5）掌握常用国际贸易术语的价格换算。
（6）理解价格条款的内容。
（7）掌握国际贸易货款结算的三种方式。

重点
海运运输方式下常用的三种国际贸易术语。

难点
国际贸易货款结算的三种方式。

导 读

国家与国家之间，由于商品贸易往来而发生的债权债务的了结，称为国际贸易结算。它和国内贸易结算不同，国际贸易的成本构成环节较多，价格组成也十分复杂，这就决定了国际贸易的结算方式与国内贸易大大不同。国际贸易由于远距离运输，货物在装卸、转运过程中还可能遭到各种自然灾害以及意外事故等的风险，并且发生的风险是多种多样的，它们可以随着贸易双方的约定而各有不同。外贸企业会计人员必须了解国际贸易的一些规范和价格条款以及结算方式，才能进行正确的单证审核、正确报价和盈利监控。

那么，到底什么是价格条款？国际贸易结算中我们常用哪些国际贸易术语？国际贸易中常用的结算方式有哪些？本章就开始这些问题的学习。

第一节 国际贸易术语

一、国际贸易术语的含义

国际贸易术语又称价格术语、价格条件,是在国际贸易实践中逐渐形成的,用来确定买卖标的物价格、买卖双方各自承担的费用、风险、责任范围的,以英文缩写表示的专门术语。国际贸易术语是外贸企业收入和成本确认与计量的基础。

在国际贸易货物运输交接过程中,需要办理进出口清关手续,安排运输与保险,支付相应的费用,如运费、装卸费、保险费、仓储费以及各项税款和杂项费用等。此外,货物在装卸、转运过程中还可能遭到各种自然灾害以及意外事故等的风险。有关上述手续由谁办理、费用由谁负担、风险如何划分就成为国际贸易实际业务中买卖双方在交易洽谈、订立合同时必须加以明确的问题。为了简化交易手续,缩短交易过程,节省磋商的时间和费用,便于达成交易,买卖双方便采用某种专门的术语来概括地表明各自的权利和义务。这种用来表示商品的价格构成,说明交货地点,确定风险、责任、费用划分等问题的专门术语,就称为国际贸易术语,它是在长期的国际贸易实践中产生的。

一般来说,国际贸易术语具有两方面的含义:一是表示交货条件;二是表示价格的构成,特别是货价中包含的从属费用。每种贸易术语表示其具有不同的交货条件和不同的价格构成因素,买卖双方各自承担的风险、责任和费用也互不相同。当卖方承担的风险、责任和费用较小时,其售价就低;反之,其售价就高。正因为国际贸易术语有表示价格构成因素的一面,又被称为"价格术语"。但应明确国际贸易术语不等于价格,而只是价格的一个重要组成部分。

二、国际贸易术语的总体情况

和国内贸易不同,在国际贸易中,每一笔进出口交易的收入、支出、可能发生的风险和损失的范围是多种多样的,它们可以随着贸易双方的约定而各有不同。外贸企业会计人员必须了解这些国际贸易规范,才能够进行单证审核、正确报价和盈利监控。

《国际贸易条款》在我国常称为《国际贸易价格术语解释通则》,它是国际贸易的主要惯例之一,是国际商会对贸易条款的正式解释。

外贸合同的双方互不熟悉对方国家中的贸易惯例,这使很多国际贸易出现争执,甚至发生诉讼。为求减轻这一问题,国际商会在1936年首次制定了《贸易条款解释的国际规则》,并历经修改,现行版本有2000年条款(ICC560号出版物)和2010年版条款(ICC715号出版物)等。

《2000年国际贸易术语解释通则》(以下简称《2000年通则》),于2000年1月1日生效。

在《2000年通则》中共包括4组13个国际贸易术语。在《2000年通则》中，按照卖方承担的责任、费用和风险越来越多分成了4组13个国际贸易术语，其中E组只包括EXW，F组包括FCA、FAS与FOB三种，C组包括CFR、CIF、CPT与CIP四种，D组包括DAF、DES、DEQ、DDU与DP五种。其中FOB、CFR与CIF只适用于水上运输，构成了最常用的国际贸易术语；FCA、CPT与CIP适用于铁路、公路、空运、海运、内河运输或上述运输的联合方式（多式联运），在近几年发展迅速，构成了通用的国际贸易术语。

国际商会在2010年7月发布了《国际贸易术语解释通则》2010版，规定自2011年1月1日起生效。2010版《国际贸易术语解释通则》与2000年版相比较，显著的变化就是将原D组中前4个条款重新组合归并为2个条款，从而将条款总数从13个压缩为11个，并将条款改为规则。

三、常用的国际贸易术语

在国际货物买卖中，FOB、CFR、CIF是三种常用的国际贸易术语。

（一）装运港船上交货（…指定装运港）

"装运港船上交货"(Free On Board，FOB)是指当货物在指定装运港越过船舷时，卖方即完成交货。这就是说买方应从这一点开始负担一切费用和货物灭失与毁损的风险。本条款要求卖方作出口清关工作。本术语只能应用于海运及内河运输。

(1) FOB中卖方的义务包括：交货至买方指派船上，并通知买方，承担货物越过船舷前的一切风险和费用；办理出口手续；提供相应单据给买方。

(2) FOB中买方的义务包括：安排船只接货，支付运费，通知卖方；承担货物越过船舷后的一切风险和费用；办理进口手续；支付货款。

（二）成本加运费（…指定目的港）

"成本加运费"(Cost and Freight，CFR)是指当货物在指定装运港越过船舷时，卖方即完成交货。卖方必须支付将货物运至指定目的港所必需的费用和运费，但交货后货物的灭失或损坏的风险，以及由于发生事件而引起的任何额外费用，自卖方转移至买方。CFR要求卖方办理出口清关。本术语仅适用于海运或内河运输。

(1) CFR中卖方的义务包括：安排运输，支付至目的港运费，及时通知买方；承担货物越过船舷前的一切风险和费用；办理出口手续；提供相应单据。

(2) CFR中买方的义务包括：承担货物越过船舷后的一切风险和额外费用；办理进口手续；支付货款。

（三）成本加运保费（…指定目的港）

成本加运保费(Cost，Insurance and Freight，CIF)条款与成本加运费条款极为相似，只是加上了保险合同，也就是卖方还应购取海运保险以应付海运途中买方的风险。卖方应订立保险合同并支付保险费。这一保险只要求按最低范围投保。如果买方希望取得更大范围的保险，则要和卖方明白商定或是自己另行添加保险。本术语只适用于海运或内河运输。

（1）CIF中卖方的义务包括：安排运输，支付至目的港运费，通知买方；承担货物越过船舷前的一切风险；办理保险，支付保险费；办理出口手续；提供相应单据。

（2）CIF中买方的义务包括：承担货物越过船舷后的一切风险；负责装船后装运港到目的港除运费、保费以外的费用；办理进口手续；支付货款。

（四）FOB、CFR、CIF的异同点

1. FOB、CFR、CIF的共同点

（1）适用的运输方式相同。它们均只适用于海运和内河运输。

（2）交货地点相同。卖方交货的地点均在指定装运港，都要求卖方将货物交至装运港的船上。

（3）交货方式相同。卖方均应将货物交给承运人，而不是直接交给买方处置。

（4）风险转移的时间相同。自货物在指定装运港越过船舷时起，货物灭失或损坏的一切风险均转移至买方承担。

（5）办理进出口清关和过境运输海关手续的责任与费用负担相同。出口清关均由卖方自负风险和费用，进口清关和过境运输海关手续均由买方自负风险和费用。

2. FOB、CFR、CIF的区别

（1）办理货物运输和保险的责任和费用负担不同。在FOB中，自卖方在指定装运港交货时起，货物运输和相应的保险手续均由买方自负风险和费用；在CFR中，将货物从指定装运港运至指定目的港的运输手续由卖方自负风险和费用，但相应的保险手续则由买方自负风险和费用；在CIF中，相应的运输和保险手续均由卖方自负风险和费用。

（2）费用负担的关键点不同。在FOB中，费用负担的关键点以指定装运港的船舷为界转移至买方。在CFR和CIF中，运费或保险费等主要费用负担的关键点以指定目的港为界转移至买方。

四、通用的国际贸易术语

（一）货交承运人（…指名地）

"货交承运人"（Free Carrier，FCA）是指卖方要在指定地将已清关的货物交予买方指定的承运人。货交承运人意味着在指定地将货物交付给买方所指定的承运人。如买方指定承运人以外的人来接货，则卖方将货交给此人也算完成了交货。

承运人意指任何在运输合同中承担履行铁路、公路、海洋、内河运输或多式联运任务的人或是委托他人履行的人。如果买方指定一个不属于承运人的人（例如运输代理人）去接货，也允许交货。

FCA下的交货点可能是处于出口方与港口之间一长段距离中的任何一个可能的位置。例如我国河南漯河的工厂，它的出运港口要到天津新港，此时可能承运人到漯河接货，也可能到郑州接货，还可能在天津新港接货。

风险划分规则：在交货点之前由出口方承担；自交货点起则由进口方承担。

"货交承运人（FCA）"是"装运港船上交货（FOB）"的对应条款。

（二）运费付至目的地（…指名目的场所）

"运费付至目的地"（Carriage paid to，CPT）意指卖方须把货物交到自己所指定的承运人手中，而且还必须支付将货物运送到指定的场所所必需的运费。这意味着买方要负担交货后的一切风险和除运费以外的一切费用。

"运费付至目的地（CPT）"是"成本加运费（CIF）"的对应条款。

（三）运保费付至目的地（…指名目的场所）

"运保费付至目的地"（Carriage and Insurance Paid to，CIP）意指卖方要把货物交到自己所指定的承运人手中，而且还必须支付将货物运送到指定的场所所必需的运费，并取得保险以防护运输途中货物灭失和毁损的风险。买方要负担加上交货后的一切风险和除运费、保险费以外的其他一切另加的费用。在本条款下卖方只负责按最低范围投保。如 CIP 的买方客户认为最低范围不合适时，必须和卖方商定加保或自行加保。

"运保费付至目的地（CIP）"是"成本加运保费（CIF）"的对应条款。

（四）常用国际贸易术语和通用国际贸易术语的区别与联系

1. 两者的共同点

交货方式相同；办理进出口清关和过境运输手续的责任与费用负担相同；相互对应的常用国际贸易术语的基本原则相同，即 FCA、CPT 和 CIP 分别与 FOB、CFR 和 CIF 的基本原则相同。

2. 两者的区别

（1）适用的运输方式不同。三种通用国际贸易术语可以适用于各种运输方式，三种常用国际贸易术语只适用于海运或内河运输。

（2）风险转移的时间不同。三种通用国际贸易术语的风险转移时间以卖方将货物交给承运人接管为标志，三种常用国际贸易术语的风险转移时间以货物越过指定装运港的船舷为标志。

（3）单证的种类不同。在三种通用国际贸易术语中所产生的运输或保险单证包括各种运输方式方面的单证，在三种常用国际贸易术语中所产生的运输或保险单证只包括海运或内河运输方面的单证。

（4）承运人签发运输单证的时间不同。三种通用国际贸易术语要求承运人在接管货物时即签发运输单证，三种常用国际贸易术语要求承运人签发已装船的海运或内河运输单证。

五、国际贸易术语的选用

国际贸易术语对外贸会计的影响，首先，在于入账的时间界限，即一笔出口业务或进口业务应在什么时间记录入账，要决定于货物所有权的转移时点（即交货点）。其次，在于双方费用的划分，对于向外商报价说来，这是必不可少的前提条件（报价在国外属于成本会计部门汇总负责），至于业务原始凭证中 FOB、CFR、CIF 等简略符号的正确含义，几乎更是每笔会计记录都不能不运用的概念。在外贸会计核算中要综合考虑自身和外商的情况，合理选用国际贸易术语。

(1) 出口业务中使用 CIF 及 CFR 术语,有利于船货衔接和促进我国远洋运输与保险事业的发展。

(2) 进口业务中,大多采用 FOB 术语,可以节省运费和保险费,促进我国航运与保险业的发展。另外,由于保险单在手,一旦货物出现风险可请求保险公司赔偿。如采用 CFR 术语,卖方指定的船舶不当或与船方勾结出具假提单,可能使我方蒙受损失。

(3) 目前,集装箱运输多式联运被广泛采用,因而有必要扩大 FCA、CPT、CIP 术语的使用,以替代仅适用于水上运输的 FOB、CFR、CIF 术语。这对卖方有两个好处:一是货交承运人后风险转移到买方,减轻了我方责任;二是提前取得运输单据,缩短交单收汇时间,加快资金周转速度和减少利息支出。

第二节 国际贸易术语的价格构成及价格条款

在国际货物买卖中,如何确定进出口商品价格,是交易双方关心的一个重要问题,价格条款便成为买卖合同中的核心条款。因此,正确掌握国际贸易术语的价格构成及价格条款,正确运用佣金与折扣,防范进出口过程中发生的各种风险,对提高外贸企业经济效益具有十分重要的意义。

一、国际贸易术语的价格构成及换算

(一) 常用国际贸易术语的价格构成

不同的国际贸易术语表示的价格构成因素不同,即包括不同的从属费用。例如,FOB 术语中不包括从装运港至目的港的运费和保险费;CFR 术语中则包括从装运港至目的港的通常运费;CIF 术语中除包括从装运港至目的港的通常运费外,还包括保险费。三种常用国际贸易术语在价格构成中,通常包括三方面内容:进货成本、费用和净利润。费用的核算最为复杂,包括国内费用和国外费用。

1. 常见的国内费用

(1) 加工整理费用。

(2) 包装费用。

(3) 保管费用(包括仓租、火险等)。

(4) 国内运输费用(仓库至码头的运输费用)。

(5) 证件费用(包括商检费、公证费、领事签证费、产地证费、许可证费、报关单费等)。

(6) 装船费(装船、起吊费和驳船费等)。

(7) 银行费用(贴现利息、手续费等)。

(8) 预计损耗(耗损、短损、漏损、破损、变质等)。

(9) 邮电费(电报、电传、邮件等费用)。

2. 常见的国外费用

(1) 国外运费(自装运港至目的港的海上运输费用)。

(2) 国外保险费(海上货物运输保险)。

(3) 如果有中间商,还包括支付给中间商的佣金。

3. 三种常用国际贸易术语的价格构成

(1) FOB 价＝进货成本＋国内费用＋净利润

(2) CFR 价＝进货成本＋国内费用＋国外运费＋净利润

(3) CIF 价＝进货成本＋国内费用＋国外运费＋国外保险费＋净利润

(二) 常用国际贸易术语的价格换算

在对外洽商交易过程中,有时一方按某种国际贸易术语报价时,另一方要求改报其他术语所表示的价格。如一方按 FOB 报价,对方要求改按 CFR 或 CIF 报价,这就涉及价格的换算问题。了解国际贸易术语的价格构成及换算方法,乃是外贸会计人员所必须掌握的基本知识和技能。FOB、CFR 和 CIF 三种术语的换算公式如下:

(1) FOB 价格换算为其他价:

$$CFR 价 = FOB 价 + 国外运费$$

$$CIF 价 = (FOB + 国外运费) \div (1 - 投保加成 \times 保险费率)$$

(2) CFR 价换算为其他价:

$$FOB 价 = CFR 价 - 国外运费$$

$$CIF 价 = CFR 价 \div (1 - 投保加成 \times 保险费率)$$

(3) CIF 价换算为其他价:

$$FOB 价 = CIF 价 \times (1 - 投保加成 \times 保险费率) - 国外运费$$
$$= CIF 价 - 国外保险费 - 国外运费$$
$$CFR 价 = CIF 价 \times (1 - 投保加成 \times 保险费率)$$
$$= CIF 价 - 国外保险费$$

二、价格条款

(一) 价格条款的内容

国际货物买卖合同中的价格条款,一般包括商品的单价和总值两项基本内容。商品的单价通常由计量单位(如吨)、单位价格金额、计价货币(美元、英镑等)和国际贸易术语(如 FOB、CFR 伦敦)四个部分组成。例如,"每吨 100 美元,CIF 伦敦"(US＄100 per M/T CIF London)。总值是指单价同成交商品数量的乘积,即一笔交易的货款总金额。

(二) 计价货币的选择

在国际贸易中,买卖双方使用何种货币主要依据双方自愿进行选择,在选择计价货币时应根据国家的方针政策,外汇市场的变动,以及使用的货币本身可否兑换、是否稳定等因素综合考虑而决定。计价货币的选择,一般来说有三种情况:使用卖方国家货币、使用买方国家货币和使用第三国货币。对任何一方来说,使用本国货币,承担的风险较小,如果使用外币则可能要承担外汇汇率变动所带来的风险,因为当今国际金融市场普遍实行浮动汇率制,汇率上下浮动是必然的,任何一方都有可能因汇率浮动造成损失。

计价货币一般应选用"可兑换性货币",即可以在国际外汇市场上自由买卖的货币,也称自由外汇。可兑换性货币根据币值是否稳定,也有软、硬之分。所谓硬货币,是指币值比较稳定且呈上浮趋势。软货币是指币值比较疲软且呈下浮趋势。我国出口商品原则上应选用硬货币,而进口商原则上应争取用软货币支付。但在实际业务中确定计价货币,还应考虑买卖双方的交易习惯、经营意图以及价格因素,选择比较有利的货币作价。

三、佣金和折扣的运用

在国际贸易中,正确运用佣金和折扣,有利于灵活掌握价格,在交易中争取主动,提高对外竞争力。

(一) 佣金

佣金是指代理人为委托人进行交易而收取的推销报酬。凡是通过中间商成交的进出口交易均须由卖方向中间商支付酬金,也就是佣金。佣金通常计入货价之内,称为含佣价。

在洽商交易和签订合同时,还要明确规定佣金率。佣金率是指按照一定的含佣价给予中间商佣金的百分比。在国际贸易中,佣金一般用文字表示。例如,"每吨 100 美元 CIF 伦敦包括 2%佣金"(US$100 per M/T CIF London including 2% commission),也可以在国际贸易术语后加注英文字母"C"和佣金率来表示,如"每吨 100 美元 CIF C2%伦敦"。但有时中间商要求佣金不在价格中表明,由买卖双方另行约定并按协议支付。在习惯上,前者称为"明佣",后者称为"暗佣"。佣金的规定应合理,其比率一般掌握在 1%~5%,不宜过高。

国际贸易中,计算佣金的方法不一,有的按成交金额约定的百分比计算,也有的按成交商品的数量来计算,即按每一单位数量收取若干佣金计算。在按成交金额计算时,有的以发票总金额作为计算佣金的基数,有的则以 FOB 总值为基数来计算佣金。关于计算佣金的公式如下:

$$单位货物佣金额 = 含佣价 \times 佣金率$$
$$净价 = 含佣价 \times (1 - 佣金率)$$
$$含佣价 = 净价 \div (1 - 佣金率)$$

佣金的支付一般有两种做法:一种是由中间代理商直接从货价中扣除佣金;另一种是在委托人收清货款后,再按事先约定的期限和佣金比率,另行付给中间代理商。在支付佣金时,应防止错付、漏付和重付等事故发生。

(二) 折扣

折扣是卖方按货物原价给予买方一定百分比的价格减让,即适当的价格优惠。国际上使用的折扣有特别折扣、额外折扣、数量折扣等。折扣也直接关系到商品的价格,货价中是否包含折扣及折扣率的大小都影响商品的价格,折扣率越高,价格越低。

在价格条款中,折扣通常也用文字表示。例如,"每吨 100 美元 CIF 伦敦,折扣 3％"(US＄100 per M/T CIF London including 3％ discount)。也可以用绝对数表示,例如,"每吨折扣 5 美元"。凡是这种在价格条款中明确规定折扣率的,称为"明扣"。如果单价中没有表明折扣,但由买卖双方另行约定折扣的做法,称为"暗扣"。这种做法属于不公平竞争。

折扣通常以成交额或发票金额为基础计算,即原价乘以折扣率。折扣率一般是根据不同商品、不同市场和不同交易对象酌情确定的。

折扣一般是在买方支付货款时预先予以扣除的,但有时在"暗扣"的情况下,折扣金额不直接从货价中扣除,而按暗中达成的协议另行支付给买方。

上述的佣金和折扣,一般应在合同中订明。凡货价中不含佣金和折扣的,往往在国际贸易术语后加注"净价"字样。

第三节 国际贸易货款结算

在国际贸易中,收取货款是卖方的基本权利,按照合同规定支付货款是买方的基本义务,这就涉及国际贸易货款的结算。因此,处理好货款收付的安全保障及资金融通的问题,直接关系到买卖双方的切身利益。

随着国际经济交往的增多和全球化趋势的形成,使用何种国际结算方式越来越被企业所重视,国际贸易结算的支付方式也是多种多样的。每一种支付方式都涉及付款时间、付款地点、信用方面等支付条款问题,经过多年的国际贸易实践,在银行业务中已经形成了以下几种常用的结算方式:汇款、托收和信用证。

在这三种结算方式中,汇款的使用频率较低,托收稍多,一般都崇尚信用证结算,信用证结算一般高达 80％左右。

一、汇款

(一) 汇款的概念

汇款又称汇付,是指资金从付款一方转移到收款一方,是买卖双方通过银行清算货款的最简便的一种支付方式,它属于顺汇。

汇款是利用进出口企业双方所在地银行的汇兑业务进行结算,也就是由汇款人将货款交由当地银行,由该银行委托收款人所在地银行转交收款人。在汇付方式下,银行对汇款业务不负任何业务上的责任,银行不承担保证付款的义务,而由买卖双方互相提供信用,完全取决于商业信用。

在汇款业务中涉及4个当事人:付款方称为汇款人;收款方称为收款人;受汇款人委托,汇出汇款的银行称为汇出行;受汇出行委托,解付汇款的银行称为汇入行或解付行。

根据汇款所采用的通知方式,汇付又可分为电汇、信汇、票汇三种。

1. 电汇

电汇是指由进口地银行(汇出行)应汇款人的申请(指汇款人填写电汇申请书)用电报或电传通知出口地银行(汇入行),委托出口地银行向卖方付款的一种结算方式。电汇方式收款较快,但费用也较高。付款人要负担电汇费用,对收款人迅速收汇有利。

2. 信汇

信汇是指由买方将款项交给进口地银行,由银行开具付款委托书,通过航空邮寄给卖方所在地银行,委托其向卖方付款的一种结算方式。

3. 票汇

票汇是指由汇出行应汇款人的申请,代汇款人开立以其分行或代理行为解付行的银行即期汇票,支付一定金额给收汇人的一种结算方式。这是由付款人向其所在地的银行购买汇票寄给收款人,由收款人或其指定人持汇票向汇入行取款。票汇是以银行即期汇票作为结算工具。这里要注意汇票有单张和复张两种。单张一般用于小额汇款。复张有正、副两张,一般用于数额较大的汇款。单张汇票为防止遗失,应分两次寄送。复张汇票遇上迟到或遗失时,可凭副张兑换。因此,正、副张要分别邮寄。

(二)汇款在国际贸易中的应用

国际贸易结算所采用的汇款的性质属于商业信用。其优点在于手续简便、费用低廉;其缺点是风险大,资金负担不平衡。

根据卖方提供的货物单据和买方通过银行汇付的时间,汇款可以分为先付款后交货(预付)和先交货后付款(延付)及交货付现(即付)。付款、交货时间的先后,对买卖各方有着不同的经济利害关系。

1. 先付款后交货

先付款后交货对卖方来说是有利的,资金不受积压。但对买方有三点不利:付款在前,收货在后,有可能出现货、款两空或卖方以次充好,造成损失;即使卖方发出的货物数量、品质甚至花色、品种完全符合合同要求,但因没及时发运,使买方错过销售机会,也会造成损失;先付款后交货,对买方意味着收货前负担一笔利息费用,加大其进货成本。

2. 先交货后付款

先交货后付款则对买方有利而对卖方不利;对卖方同样存在着货、款两空的危险,货物发出后,买方可能因某种原因,如销路不佳或商品价格下跌拒收货物或拒付货款,迫使卖方低价出售。先交货后付款,意味着卖方垫付一笔资金,多付一笔利息费用,从而加大销售成本,影响卖方企业资金周转。

无论哪一种方式,风险和资金负担都集中在一方,风险较大。银行只为交易双方提供服务,并不保证买方一定付款、卖方一定提交货运单据,因此汇款方式的选用有赖于买卖双方的相互信任。而由于目前交易双方当事人往往互不信任,在付款时间上很难达成一致,因此我国外贸企业在国际贸易结算中,只在少数交易中使用。例如,预收货款、结算尾差、支付佣金、归还垫款、索赔理赔、少量出售样品以及交付或退还履约保证金等情况下采用,而绝大多数交易是采用凭单付款的付货款方式。在发达国家之间,由于大量的贸易是跨国公司的内部交易,而且外贸企业在国外有可靠的贸易伙伴和销售网络,因此汇款可以作为主要的结算方式。

值得注意的是,对在出口业务中在对方采用票汇预付货款的交易,为保证收汇安全,除确实可靠的银行汇票、本票并经我国银行审查认可同意收受的票据以外,均应先将收到的票据交国内银行,并委托其通过国外的代理行向付款行收取货款,在接到收妥通知后,方可对外发运货物。

(三) 汇款方式下的会计处理

1. 进口业务的会计处理

进口后的外汇汇款业务,外贸企业在办理汇款时应填写汇款申请书,并将汇出的外汇按照外汇牌价(卖出价)折算成人民币,开具转账支票向银行办理结汇付款手续。汇出汇款的会计处理如下:

(1) 会计科目:"其他货币资金——银行汇票"科目除了可以用于记录人民币,还可以用于记录汇往国外的外汇汇票,以及电汇、信汇款的在途资金。

(2) 原始凭证:①电汇、信汇、票汇申请书的回单联;②购买外汇的支票存根;③结(售)汇水单。

(3) 填制申请书并交款付费时,应作会计分录如下:

借:其他货币资金——银行汇票或在途资金
　　财务费用——手续费(包括汇费、邮电费)
　贷:银行存款——××银行(外币户)

在我国港、澳地区,新加坡汇出汇款时,经办银行开出的汇款凭证,除信汇委托书外,还要开出套写的第二、第三联正、副收条。在电汇时,也可要求国外银行开出正、副收条。因此,当收款人领取汇款后,会有正收条退回汇款人。此时可作转销会计分录如下:

借:预付账款——预付外汇账款(预付部分货款)
　　应付账款——应付外汇账款(清欠尾数)
　　主营业务收入(佣金、理赔款等,或用红字记入贷方)
　　销售费用(国外广告费、检验费、展览会费、港口费等)
　贷:其他货币资金——银行汇票或在途资金

在我国港、澳地区,新加坡以外的地区汇出汇款时,银行往往不开出正、副收条,企业就要根据汇出费用的性质,在取得相应的原始凭证(如收款单位的收据)时,作出上述转销分录。这点与国内银行汇票必然有一联回到申请开出单位的用法不同。

2. 出口业务的会计处理

在我国,对出口后的外汇汇入业务,银行根据"收妥解付"的原则,在收到汇出行的加押电报或信汇委托书,并提示货款已收妥时,将货款按外汇牌(买入价)折算成人民币,对外贸企业办理结汇收账手续。出口业务汇入汇款的会计处理如下:

(1) 原始凭证:①电汇、信汇的汇入汇款通知书(付款行开出);②电汇、信汇、票汇如作结汇,都应有买入外汇结汇证明(结汇水单);③如自愿留汇,则有收账通知。

(2) 应作会计分录如下：

借：银行存款——××银行(外币户)
 贷：预收账款——预收外汇账款 （预收部分货款）
   应收账款——应收外汇账款 （清欠尾数）
   主营业务收入——代购代销收入(佣金手续费收入)
       ——运输收入(外贸远洋运费收入)

二、托收

(一) 托收的概念和种类

1. 托收的概念

托收是卖方为向国外买方收取销售货款和劳务价款，开具以买方为抬头人的汇票，委托银行持以向买方代为收款的结算方式。在托收方式下，由供方先发货，再委托银行向进口方办理收款手续，由于是收款方主动收款，因此属于逆汇。

在托收业务中通常有4个关系人，即委托人(卖方或出口商)、托收行(卖方委托的银行)、代收行(与托收行有业务联系的国外银行)和付款人(买方或进口商)。托收人与托收银行之间的关系、托收银行与代收银行之间的关系都是委托代理关系，或叫代办业务关系。对托收的汇票能否收款银行不负责任，所以，托收结算方式是商业信用，实质上，仍是出口商对进口商的某种程度的赊销融资。

2. 托收的种类

托收按结算方式不同可分为光票托收和跟单托收两种(见图2-1)。

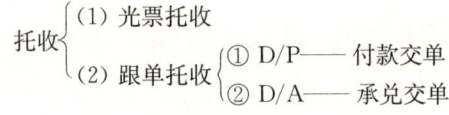

图 2-1 托收按结算方式不同分类

(1) 光票托收是指汇票不附带货运单据，单凭财务单证所作的托收。大多数情况下，财务单证仅仅是一张汇票，有时也可能是支票、本票、外国银行开出的存款证明、外国邮局开出的存折等。

光票托收方式通常用于收取出口货款尾数、样品费、佣金、代垫费用、其他贸易从属费用、索赔款项等小额款项。

(2) 跟单托收是指汇票连同所附货运单据(主要有发票、提单、保险单等)一起交银行委托代收。由于没有信用证(银行信用)作为付款保证，习惯上把托收方式称为"无证托收"。

根据交单条件的不同，跟单托收分为付款交单D/P和承兑交单D/A两种。两类跟单托收的不同在于银行放出单证的条件不同。D/P要在付款后才能取得货运提单，而D/A则只要对汇票承兑即可换取提货单。

付款交单(Documents against Payment，D/P)是指卖方的交单以买方付款为条件，即卖方将汇票连同货运单据交给银行托收时，指示银行只有在买方付清货款时，才能交出货运单据的托收方式。目前，付款交单这种托收方式的付款期，按支付时间的不同可分为即期付款交单和远期付款交单两种。付款交单多指即期付款交单，是指卖方开具即期汇票，代收银行向买方提示，买方见票后经与合同核对相符，即应付款取得货运单据的托收方式。这是一种票款和代表物权单据可即时两清的托收结算方式。

远期付款交单是指卖方开具远期汇票，通过银行向买方提示，买方见票并审单无误后，立即承兑（承兑是指付款人对远期汇票表示承担到期付款责任的行为），于汇票到期日付清货款，取得货运单据的托收方式。在远期付款交单业务中，买方为抓住有利销售机会，急需货运单据提货应市，代收行和卖方均可给予资金融通，可在汇票到期前借单提货。但这种做法与承兑交单差不多，对卖方和代收行都有一定风险。因此，使用这种方式需要从严掌握。

承兑交单（Documents against Acceptance，D/A）是指被委托的代收银行以买方承兑汇票作为交付货运单据的依据，待汇票到期日买方再履行付款义务的托收方式。承兑交单方式只适用于远期汇票的托收。

承兑交单对买方加速资金周转有利，因为它可先提货出售，到期后再付款。相反，对卖方不利，承兑交单不如付款交单安全。

承兑交单的风险比付款交单大。因为承兑交单只要买方承兑后，就可以取得货运单据，据以领取货物，所以卖方要顺利收到货款，只得依靠买方的信誉，不然就会因买方发生问题而使货款全部落空。

（二）托收在国际贸易中的应用

在托收业务中，银行只提供服务，不提供信用。银行只是作为委托人的代理人身份行事，既无保证付款人必然付款的责任，也无检查审核货运单据是否齐备或正确的义务。如果付款人借故拒不赎单提货，除非事先约定，银行也没有代为提货、办理进口手续和存仓保管的义务，卖方仍需关心货物安全，直到买方付清货款为止。所以托收方式和汇款一样，也属商业信用性质。卖方委托银行收取的货款，能否收到，全靠买方的信用。而且，由于货物已先期运出，一旦遭到拒付，就会使卖方陷入极为被动的境地。卖方将遭受来回运输费用的损失和货物转售的损失，甚至货、款两空。因此，除特殊情况外，我国外贸企业一般不使用这种结算方式。

但是托收方式对买方比较有利，买方不仅可以安全收货，资金周转加快，还可以免去申请信用证的手续，不必预付银行押金或保证，从而减少费用支出。所以，托收方式能调动买方的经营积极性，增强出口商品的竞争能力，在国际上经常被用作一种非价格竞争的有效手段。

虽然托收方式比汇款方式进了一步，但终究还是要使用商业信用，虽然都通过银行办理，但银行均不承担保证付款的义务。在国际贸易中，往往出现这样的情况：卖方担心先发货后不能按时收到货款，或收不回货款；买方担心先交款而卖方不按质按量按时发货或拒不发货。在买方不愿先交款，卖方不愿先交货的情况下，就需要一个第三者作为中间人兼担保人，而这个角色只有银行才能充当。采用银行信用，可以解决买卖双方在支付上利害冲突、互不信任的矛盾，把托收方式由买方履行跟单汇票的付款责任转由银行履行，保证买卖双方货款或单据不致落空。当前，使用信用证支付已经成为国际贸易的主要支付方式。

（三）托收方式下的会计核算

外贸企业发出商品后，应先填制寄往国外的托收申请书，开出汇票，随附规定的提货单据向银行办理交单，并根据受理的回单和出口销售发票，借记"应收账款——应收外汇账款"科目，贷记"主营业务收入——自营出口销售收入"等科目。

在收到银行结汇通知书后，将款项按当天国家外汇牌价（银行买入价），借记"银行存款"科目，贷记"应收账款——应收外汇账款"科目。

1. 发运商品确认收入

借：应收账款——应收外汇账款
　　贷：主营业务收入——自营出口销售收入

2. 承兑

在D/A方式下，汇票经承兑后，从会计理论上说，票据债权的流通性强于应收账款。因此，在银行通知汇票已由进口方承兑时，作会计分录如下：

借：应收票据——应收外汇票据
　　贷：应收账款——应收外汇账款

3. 收款

在D/P方式下，要等到托收行、代收行收到进口方货款，划还出口国时，做收款处理，作会计分录如下：

借：银行存款——××银行（人民币户或外币户）
　　财务费用——手续费
　　贷：应收账款——应收外汇账款

三、信用证

（一）信用证的概念

信用证（Letter of Credit，简称L/C）是指银行（开证行）应买方的请求，开给卖方的一种保证承担支付货款责任的书面凭证。开证行授权卖方按信用证上所列要求以开证行为付款人，开具不得超过规定金额的汇票，随附规定的货运单据，按期在指定地点收取货款。银行以自己的信用，担保买方在支付货款时一定得到货物的单据，同时也向卖方担保交出货物单据就一定能收到货款。它为买卖双方利益提供了一定的安全保障，资金信用可靠者可以获得一定程度资金融通的方便。

信用证结算方式的最大特点，也是最大优点在于：信用证是一种银行信用，开证行负第一付款责任；信用证是一项独立于合同之外的自足文件，其开立是以贸易合同为基础的，但不依附于贸易合同；信用证业务是一种单据买卖，各有关方面的处理是以单据而不以货物为准。这一点对卖方严格地审单审证，保证单、证相符，单、单相符十分重要，因为开证行只凭符合规定的单据付款。

1. 信用证的关系人

信用证结算方式的基本当事人有 6 个，即：

（1）开证申请人（一般是买方）。

（2）开证行（一般是买方所在地银行）。

（3）通知行（一般是卖方所在地银行，只证明信用证的真实性，并不承担其他义务）。

（4）受益人（即卖方）。

（5）议付银行（即愿意买入或贴现受益人交来跟单汇票的银行）。

（6）付款银行（即信用证上指定的付款银行）。

2. 信用证的内容

一张完整的信用证，一般包括以下内容：

（1）对信用证本身的说明，如信用证的种类、性质、金额及有效期和到达地点。

（2）对货物的要求，如货物的名称、品种、规格、数量、包装、价格等。

（3）对运输的要求，如装运的最迟期限、起运港或起运地、目的港或目的地、运输方式、可否分批装运或中途转船等。

（4）对单据的要求，如货物单据（装箱单、重量单、产地证、商检说明书等）、运输单据、保险单据等。

（5）特殊要求，即特殊情况下提出的特殊要求。

（6）开证行对受益人或汇票持有人保证付款的责任文句。

3. 信用证业务的一般支付程序

信用证业务的一般支付程序是：

（1）买卖双方在贸易合同中，规定使用信用证方式支付。

（2）买方向当地银行提出申请，填写开证申请书，依照合同填写各项规定和要求，并缴纳押金或提供其他保证，请开证行开证。

（3）开证行根据申请书内容，向受益人（卖方）开出信用证，并寄交卖方所在地分行或代理行（统称通知行）。

（4）通知行核对印鉴无误后，将信用证交予卖方。

（5）卖方审核信用证与合同相符后，按信用证规定装运货物，并备齐各项货运单据，开出汇票，在信用证有效期内送请当地银行（议付行）议付。

（6）议付行按信用证条款审核单据无误后，按照汇票金额扣除利息，把货款垫付给卖方。

（7）议付行将汇票和货运单据寄开证行（或其指定的付款行）索偿。

（8）开证行（或其指定的付款行）核定单据无误后，付款给议付行。

（9）开证行通知买方付款赎单。

4. 信用证的了结方式

要了结一张信用证有以下几种形式：

（1）即期付款信用证——由付款行或保兑行了结。

（2）延期付款信用证——由付款行或保兑行了结。

（3）议付信用证——从议付行获得资金。

（4）承兑付款信用证——向一个指定银行或直接和开证行延期了结。

开立信用证都必须清楚地表明该信用证适用于何种了结方式,即用于即期付款、延期付款、议付或者承兑后付款。其中前三种是兑付,第四种是垫付或暂付,每一种都有复杂的内容。

1) 即期付款信用证

即期付款信用证是指在汇票上有"见票即付"字样,而且银行需要在单证和汇票提交当时立即付款(经审单合格后,无不符点)的信用证。这是最常用的形式,受益人能迅速获得资金。即期付款信用证又有两种运用背景,如图 2-2 所示。

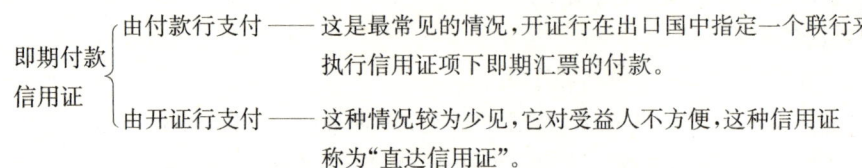

图 2-2 即期付款信用证的两处运用背景

一般情况下,即期付款信用证由付款行或保兑行支付。

付款行总是一个和开证行保持账户关系(在我国称为账户行),作为开证行在出口国的分行或联行,互相代理收付并经常进行了结。这种方式对出口方最为有利。即期付款信用证的特点有:一是要足额支付,不扣利息,只扣银行手续费;二是无追索权,付款行在审单后所作支付是最终付款。

2) 延期付款信用证

延期付款信用证是远期信用证中的一种。它和远期汇票信用证极为相似,只是不附汇票,而只在信用证上指定付款日期。例如,"本证可运用于×××银行:采用延期付款方式,在交单后××天,凭以下详细列示的各单证付款(或在发运后××天,或提单日后××天,或在某一固定未来日期)"。

3) 议付信用证

议付信用证是指出口方可从开证行以外的一个银行借一笔垫款,而以物权单证作质押的一种信用证,通常被称为押汇。与即期付款信用证相比较,它有两个不同点:一是它由议付行扣除利息后支付;二是这种方式大多都有追索权,所以,实质上是一笔短期贷款。

(1) 开证申请人可以获得延迟付款的好处。如果出口方所在地没有开证行的分行或联行,受益人将需要把信用证邮寄到开证行要求付款。由于路途的遥远,对受益人很不利。作为一种补救,开证行允许受益人向任何一家或指定的银行去商议"收购"这张汇票及(或)单证。银行可以自主决定是否购买出口方在信用证项下的汇票,这家银行就称为议付行。议付应该由受益人负担费用,这样开证申请人就将获取延迟付款的好处。

(2) 受益人为了及早取得资金,不得不接受扣去利息后的金额。然后议付行将汇票和单证发到开证行去,以索偿信用证所规定的全部金额。在偿付前开证行要进行审单,如果有不符点,它将拒付并退单。

(3) 议付行所付款项,在有追索权的情况下,实质上是一笔由汇票和提单担保的短期贷款(垫款),并不像即期付款信用证那样是最终付款,所以,当开证行拒绝索偿时,议付行将向受益人追索。如果追索无效,议付行可以处置提单以收回货款。

(4) 在我国多年的实践中,议付信用证采用的通常是"收妥结汇"。当中国银行收到受益人交来的全套单证后,首先转送给开证行,然后等待开证行审单、付款。当银行从国外收到资金,就结汇成人民币按信用证金额全额转入受益人账户。

4) 承兑付款信用证

承兑付款信用证也称远期汇票信用证,这是带远期汇票的一种远期信用证,即由指定银行对汇票承兑,然后在到期日付款。远期汇票信用证是买方提供给银行的保证,汇票可以规定在出票(或见票)后若干日或指定日期付款。这种远期汇票先由开证行承兑,保证到期付款。卖方为了加速资金周转,可以将已承兑的远期汇票向银行贴现,取得现款。贴现利息由卖方负担。

由此可见,对出口方来说议付信用证和即期付款信用证相比较为不利,因为扣息和存在被追索的可能。国际贸易结算中使用的大部分是即期付款信用证。

(二) 信用证在国际贸易中的应用

由于信用证是银行开立的一种有条件的保证付款的书面文件,只要卖方按信用证的要求提交货运单据,银行即保证付款。所以信用证方式的性质属于银行信用。

采用信用证方式,给买方、卖方和银行三方都带来了一定的好处。对买方来说,付款后可以肯定地取得代表货物所有权的单据,而且可以通过信用证条款规定卖方的装运期、单据的种类和份数,并能保证货物装船质量和数量。对卖方来说,收到买方开来的信用证,安全收汇得到保证,还可以比较容易获得银行的资金融通。对于银行来说,买方开立信用证,不占用开证行资金,且开证行可以获得手续费及买方的押金或担保。此外,信用证的通知、修改、议付、保兑等环节,开证行均可收费。所以,信用证基本解决了买卖双方互不信任的矛盾,便利了买卖双方向银行融通资金。

值得注意的是,对于出口商,在信用证业务中,必须及时、仔细审核,并据以备货、订舱装运、制单、结汇。因为交单结汇时,议付行对各项单证的审核较严,出口商必须做到单证相符、单单相符,如果有不符点,付款行可以拒付。外贸企业如果不重视各项单证的编制、审查工作,就可能会造成缓付、迟付甚至被拒付货款的损失,最终影响出口方安全和收汇进度。因此,交单结汇是外贸企业出口创汇的重要一环,必须高度重视。

(三) 信用证方式下的会计核算

1. 进口业务

(1) 存入银行保证金,向银行申请开证:

借:其他货币资金——信用证存款
　　贷:银行存款——××银行(外币户或人民币户)

(2) 支付有关开证手续费时:

借:财务费用——银行手续费
　　贷:银行存款——××银行(人民币户)

(3) 按合同规定,由付款行付款时:

① 即期付款信用证(增值税略):

借：在途物资——进口商品采购
　　贷：其他货币资金——信用证保证金存款
　　　　银行存款——××银行(外币户或人民币户)

② 远期信用证(增值税略)：

借：在途物资——进口商品采购
　　贷：应付票据——银行承兑汇票(远期信用证)
　　　　应付账款——应付外汇账款(延期付款信用证)

2. 出口业务

（1）商品装运出口后，持信用证及全套出口单据向银行办理交单结汇时：

借：应收账款——应收外汇账款
　　贷：主营业务收入——自营出口销售收入

借：主营业务成本——自营出口销售成本
　　贷：发出商品——××商品

（2）收到银行转来的结汇通知：

① 远期付款时：

借：银行存款——××银行(外币户)
　　财务费用——银行手续费
　　贷：应收账款——应收外汇账款

（3）议付信用证：

借：银行存款——××银行(外币户)
　　财务费用——银行手续费
　　贷：短期借款——短期外汇借款(议付信用证)

借：短期借款——短期外汇借款
　　贷：应收账款——应收外汇账款

四、支付方式的选择

在进出口业务选择支付方式时，一般要对各种因素进行全面考虑，如对方资信状况与经营作风的好坏、货物本身是否畅销、市场竞争是否激烈、交易金额是否较大等，并在此基础上确定采用一种对交易双方都比较安全的支付方式。但为了吸引客户，促成交易，有时也需要采用对自己风险较大的支付方式。

信用证方式因属于银行信用的性质，被认为是最安全的一种支付方式，因而受到出口方的欢迎。但是，这种方式并非十全十美，例如，买方在申请开证时除要向银行缴纳手续费以外，往往还要提供开证押金或其他担保，而信用证从开立到最终付款通常需要相当长的一段时间，这就造成了进口方相当数量的资金被占用，影响其资金周转，这可谓信用证支付方式最大的缺点。

近些年,国际市场从原来的卖方市场转为买方市场,而且市场上产品更新换代的速度越来越快,进口商对交货速度的要求也越来越高。信用证的缺点在不断变化的市场中愈来愈明显,不能适应市场的要求。在这种背景下,非信用证结算方式在国际贸易结算中得到了广泛应用。

由于国际贸易金额日益增大,交易条件日趋复杂,交易双方有时将各种支付方式结合在一起。不同方式的结合使用,可以取长补短,相辅相成,从而加快资金周转,提高收汇和用汇的安全。采用综合支付方式,主要有以下几种情况:

第一,汇款与托收相结合:以汇款方式支付订金,以付款交单的托收方式支付大部分货款。目的是为了确保卖方的收汇安全,如果托收货款被拒付,卖方可以将货物运回,用预收定金来抵偿运费、利息、手续费等一切损失。汇款部分的多少,应视商品的特点和客户的资信而定。

第二,汇款与信用证相结合:以信用证支付大部分货款,货到目的地经检验计算出真实重量及确切的货款总额,或经安装调试证明货物品质完全合格后,以汇款方式支付货款余额。这种方式常见于粮食、矿砂等散装货物或成套设备的交易。

第三,托收与信用证相结合:部分货款以信用证方式收取,部分货款通过托收方式来收取。这里的信用证必须是不可撤销信用证,托收则需采用即期付款交单或远期付款交单。应该注意,出口方的全套货运单据要随附在托收项下的汇票下,而信用证部分则凭出口方开出的光票付款。但在信用证中应订明"在发票金额全部付清后才可交单"的条款,这样既可减少买方的开证金额,少付开证押金,又能保证卖方取得货款。

第四,托收与银行保证书相结合是指在采用托收方式,结合使用银行保证书,由银行进行担保。跟单托收,特别是承兑交单支付方式,卖方要承担较大的风险,与银行保证书相结合使用,即使遭到买方拒付,卖方还可以利用银行的保证追回货款。

本章小结

国际贸易术语又称价格术语。国际贸易术语所表示的贸易条件,主要分两个方面:其一,说明商品的价格构成,是否包括成本以外的主要从属费用,即运费和保险;其二,确定交货条件,即说明买卖双方在交接货物方面彼此所承担的责任、费用和风险的划分。FOB、CFR 与 CIF 只适合水上运输,构成了最常用的国际贸易术语;FCA、CPT 与 CIP 适合于铁路、公路、空运、海运、内河运输或上述运输的联合方式(多式联运),构成了通用的国际贸易术语。不同的国际贸易术语表示其价格构成因素不同,即包括不同的从属费用。例如,FOB 术语中不包括从装运港至目的港的运费和保险费。三种国际贸易术语在价格构成中,通常包括三方面具体内容:进货成本、费用和净利润,费用的核算最为复杂,包括国内费用和国外费用。

国际货物买卖合同中的价格条款,一般包括商品的单价和总值两项基本内容。商品的单价通常由计量单位(如吨)、单位价格金额、计价货币(美元、英镑等)和国际贸易术语(如 FOB 等)四个部分组成,例如,"每吨 100 美元,CIF 伦敦"(US$100 per M/T CIF London)。

由国际贸易活动而发生的货款结算,以结清买卖双方间的债权、债务关系,称为国际贸易结算。国际贸易结算方式主要有三大类:汇款、托收和信用证。

汇款是指由银行直接跨国转移资金,分为信汇、电汇和票汇三种方式。而托收是一种由供货方先发货,再委托银行向进口方办理收款手续的办法。按照是否附有商业单证,托收分为光票托收和跟单托收,跟单托收又包括:D/P(付款交单)和 D/A(承兑交单),在实务中,多数为跟单托收,即附提货单据向对方收款。托收的性质是一种商业信用,托收在实质上仍是出口商对进口商的某种程度的赊销融资。

信用证(Letter 0f Credit,L/C)是银行授予信用的一张书面证件,是一个银行对出口方有条件支付的一个承诺。信用证分为:即期付款信用证、延期付款信用证、远期汇票信用证或承兑信用证、议付信用证。对于即期付款信用证和延期付款信用证都是由付款行或保兑行了结,对于议付信用证是从议付行获取资金,对于承兑信用证则是向一个指定银行或直接和开证行延期了结。

关键术语

国际贸易术语 常用国际贸易术语 通用国际贸易术语 价格构成 FOB价 CIF价 CFR价 国内费用 国外运费 国外保险费 价格条款 计价货币 含佣价 佣金 折扣 国际贸易货款结算 汇款 电汇 信汇 票汇 托收 光票托收 跟单托收 付款交单 承兑交单 信用证 延期信用证 议付信用证 承兑信用证

思考题

1. 国际贸易术语有什么作用?与财会工作有何关联?
2. 试解释下列国际贸易术语:FOB、CIF、CFR。
3. 常用国际贸易术语的价格 FOB 价、CIF 价、CFR 价之间如何换算?
3. 汇付方式适用于什么场合?其优缺点如何?
4. 托收方式适用于什么场合?其优缺点如何?
5. 信用证方式适用于什么场合?其优缺点如何?

第三章 外汇业务会计

学习目的与要求

(1) 理解外汇在会计上的含义。
(2) 了解外汇管理的概念。
(3) 掌握外币交易一般会计方法。
(4) 熟悉外币交易一般会计程序。
(5) 掌握外币交易会计账务处理方法。
(6) 掌握汇兑损益的确认及会计处理。

重点

外币交易会计账务处理方法。

难点

汇兑损益的确认及会计处理。

导 读

外汇是伴随着国际贸易而产生的,外汇交易也是国际结算债权债务关系的工具。外汇交易不仅是国际贸易的一种工具,而且已成为国际上最重要的金融商品。任何涉外经济活动,无论是外贸企业、国际投资或跨国融资等都要涉及外汇,企业的外汇要涉及很多国际金融知识,以及我国有关的外汇管理体制。为此,要做好外贸企业的会计核算,就要了解外汇以及外汇在会计上的含义,外汇管理的概念以及外币交易的会计处理,同时,由于汇率的变动,还要掌握汇兑损益的会计处理。那么就通过本章的学习来掌握这些知识吧。

第一节　外汇业务概述

一、外汇的含义

任何涉外经济活动，无论是外贸业务、国际投资或跨国融资等都要涉及外汇。企业的外汇会计要涉及很多国际金融业务，又与我国的外汇管理体制有关。

（一）外汇在国际金融领域中的含义

外汇是用外国货币定值的用来了结国际债权债务的工具，即支付手段。根据我国2008年修正公布的《中华人民共和国外汇管理条例》（以下简称《外汇管理条例》）的规定：外汇是指下列以外币表示的可以用作国际清偿的支付手段和资产：

（1）外币现钞：包括纸币、铸币。

（2）外币支付凭证或支付工具：包括票据、银行存款凭证、邮政储蓄凭证、银行卡等。

（3）外币有价证券：包括政府债券、公司债券、股票等。

（4）特别提款权。

（5）其他外汇资产。

这里要说明的是特别提款权。特别提款权 SDR 是 Special Drawing Rights 的缩写，其含义是兑换"可自由使用"货币的权利。它是国际货币基金组织于1969年创设的一种补充性储备资产，与黄金、外汇等其他储备资产一起构成国际储备，可用于成员国在外汇储备不足时用本币换取外汇的一个分配额。特别提款权并不是货币，只是"账面资产"，也被国际货币基金组织和一些国际机构作为记账单位。SDR 只在国际货币基金组织和各国政府之间使用，与一般外贸企业无关。

（二）外汇在会计上的含义

在会计学中，"外汇"或"外币"中所谓的"外"，是以记账本位币作为基准的。即外币是指除人民币以外的其他国家或地区的货币。从会计的角度来看，外币则是除采用的记账本位币以外的其他货币。我国《企业会计准则》规定：企业以人民币为记账本位币。业务收支以外币为主的企业，也可以选定某种外国货币作为记账本位币。因此，如我国境内的企业，以人民币作为记账本位币，那么对于该企业来说，除人民币以外的其他货币，像美元、英镑、欧元、日元等就是外币。在以美元、港元等作为记账本位币的外国投资企业中，人民币就处于会计上的"外"币地位了。

由于外汇管理上的不同，外币、外汇以及外币债权债务的侧重点有所不同。

（1）外币是指外国通货的具体实物。其形态是纸币和铸币。在会计核算中往往要用"库存现金"科目进行记录。在实行外汇管制的国家中，通常不准许外国货币在国内流通（保税区除外)。

(2) 外汇是指以外国通货计价的抵账工具,侧重点在于其实物形态是票据、国外银行存款凭证等外币支付凭证,外国政府公债、外国股票等外币有价证券,以及外国货币。这时要用"银行存款"等科目进行记录。

最常见的外汇自然即是在国际上可以流通的外国货币。目前最强势的外币当属美元,此外日元、欧元、英镑也都是国际上主流的外币。所谓"炒外汇",炒的就是这些外币。通常所说的外币业务,实质上多为外汇业务,极少直接使用外国纸币或铸币结算。因此,"外汇"比"外币"在使用上具有更大的比重。一旦人民币进入完全的自由兑换状态,区分外币和外汇的概念即无实际意义。

(3) 外币制债权、债务(资产、负债)。除了上述外币、外汇外,在经济业务中还会发生不少双方权利和义务按某种外国通货计算,并且在日后要以外汇、外币来结算的债权、债务,以及外币面额确定的有价证券等。这要用"应收(付)账款""应付债券""长(短)期投资""预收(付)账款""应付利润"等科目进行记录。在外商投资企业中,还可能有以外币计值的工资、技术转让费等应付款项。概括说来,这些都是以外国通货计值的货币性资产负债。

现将比较常见的部分外国货币及简写符号列示如表 3-1 所示。

表 3-1 部分外国货币及简写符号

外币名称	货币符号	简写	单位
英镑	£	GBP	镑
美元	US$	USD	元
日元	J¥	JPY	日元
港元	HK$	HKD	元
欧元	€	EUR	欧元
德国马克	DM	DEM	马克
瑞士法郎	SF	CHF	法郎
法国法郎	FF	FRF	法郎
荷兰盾	F	NLG	盾
奥地利先令	ASCH	ATS	先令
比利时法郎	BF	BEF	法郎
意大利里拉	LIT	ITL	里拉
加拿大元	CAN$	CAD	元
澳大利亚元	A$	AUD	元
瑞典克朗	SKR	SEK	克朗
丹麦克朗	DKR	DKK	克朗

(续表)

外币名称	货币符号	简写	单位
挪威克朗	NKR	NOK	克朗
芬兰马克	FMK	FIM	马克
韩国圆	WON	KRW	圆
泰国铢	B	THB	铢
菲律宾比索	P	PHP	比索
印度卢比	RS	INR	卢比
俄罗斯卢布	RBS	SUR	卢布
缅甸元	K	BUK	元
新西兰元	NZ$	NZD	元
新加坡元	S$	SGD	元

二、外汇管理

(一)外汇管理的概念

一国所采取的外汇政策,决定着外汇业务的外部环境条件,外汇业务会计的内容也会因此而有显著的差别。在一国采取外汇自由政策的情况下,企业对外汇的供求都通过外汇市场解决,那时外汇会计的内容较为单纯。但在一国政府实施外汇管理措施的情况下,外汇业务会计的内容就会受到较多的监管政策的限制而变得颇为复杂与多样化。

所谓外汇管理(或管制),是指政府对外汇的买卖、借贷、收付、转移、外汇汇率及外汇市场,实行管理与限制的一种制度。外汇管制的主要内容是禁止外汇的自由买卖,把外汇资源集中到政府手中,一般采取如下两种方法:

(1)数量管制。例如实行进出口许可证制,出口所得外汇要按官定汇率出售给国家指定的银行,进口用汇必须经申请批准等。

(2)价格管制。对不同性质的外汇买卖规定不同的汇率等。

虽然国际货币基金组织不允许对国际收支中的经常项目进行外汇管制,但仍允许会员国对国际收支中的资本项目进行管制。

经常项目是指一国与外国经常发生的收支项目,主要包括货物贸易收支、劳务(即运输、银行、保险、旅游等)收支及国外投资的利息和股利等。

资本项目又称资本及金融项目,是指表示资本流入和流出的项目,主要包括私人直接投资和证券投资、国际贷款等长期资本、短期资本等收支。

一般说来,外汇管制政策是缺汇国家采用的,例如英国政府曾在1939—1979年实行了40年的外汇管制。在一百多个国家中只有美国、瑞士、加拿大等少数国家未正式实行过管制。外汇管制的方向通常是对外汇"宽进严出"。

(二) 我国外汇管理的主要内容

我国自新中国成立时起即长期缺汇,但至 2006 年 2 月外汇储备便跃居世界第一,告别了缺汇的历史。截至 2018 年 2 月末,中国外汇储备为 31 344.82 亿美元,在此之前,中国外汇储备从 2017 年 2 月开始,连续第 12 个月实现上升。其间,各个阶段外汇管理措施宽严不同。综观前后,大致经历了如下三个阶段。

1. 第一阶段:1949—1993 年

我国在新中国成立后,国家实行外贸进出口专营,对外汇实行管制政策,采取"国家集中管理(通过外汇管理局),统一经营(委托中国银行)"的方针。这是计划经济下的管理措施。在这一阶段,外汇由国家定价,国家强制收购企业出口收汇,而企业用汇要经国家计划批准。

2. 第二阶段:1993—2005 年

随着我国市场经济从起步到逐步完善,国家必须改变原来计划经济体制下的外汇计划审批制。1994 年设立全国性银行间外汇交易所(即外汇交易中心),按市场加权平均成交价,逐日公布隔天外汇中间价。同时将国家集中管理及国家收购外汇改为银行的结汇制及售汇制。结汇制是指企业将外汇收入按当日汇率卖给银行,银行兑付人民币的制度。售汇制是指企业如需要外汇,只要持有效凭证(如进口许可证、进口证明或进口合同、境外金融机构支付通知书等)到银行用人民币兑换,由银行将外汇售给企业的制度。

1996 年 7 月 1 日起,正式实现了经常项目下的人民币有条件可兑换。但还未实行资本项目的自由兑换。

3. 第三阶段:2005 年至今

由于我国外汇储备不断飙升,自 2005 年 7 月 21 日起,我国对人民币汇率定价改为按"一篮子"外币定值,实行有管理的浮动汇率制,并决定自主地(持续、小步地)将人民币对美元汇率升值。

2007 年 8 月,我国完全放开了对企业出口收汇必须结汇的限制,企业可以自行保留外汇;至 2008 年 8 月更是全面修订了《外汇管理条例》。资本项目的开放程度也在有序地提高。外汇政策的开放程度整体上日益提高。

2008 年后,人民币持续升值和我国利率持续高于美元,吸引了大量"热钱"涌入我国;反之,在国际金融形势变化时"热钱"又会急于逃出我国。这就会导致我国经济的不利波动,甚至出现危机。外汇管理当局正在实施堵截措施,加紧实施对跨境外汇出入的监控。

由于 2008 年前后出现了金融风暴,美元作为国际贸易结算货币的地位已经被严重削弱。特别是 2015 年 11 月 30 日,国际货币基金组织执董会认定人民币为可自由使用货币,决定将人民币纳入 SDR 货币篮子。我国开始了人民币国际化的步伐。

以上各阶段的外汇政策措施,都会直接影响外贸企业的会计核算。

三、汇率

外汇汇率又称外汇行市或汇价,是一国货币兑换另一国货币的折算比率,是以一种货币表示另一种货币的价格。由于世界各国货币的名称不同,币值不一,所以一国货币对其他国家的货币要规定一个兑换率,即汇率。

(一) 汇率制度

由于汇率是各国货币间的比价,所以汇率制度归根到底是由货币制度决定的。当前国际上有两种汇率制度:固定汇率制与浮动汇率制。

固定汇率制是指一国的货币与其他国家的货币兑换比率基本固定不变的一种汇率制度。20世纪70年代前,各国多采用金本位制,直接或间接按货币的含金量的比率来确定汇率。法定含金量轻易不作变动,因此,汇率波动幅度较小,故称固定汇率制。

浮动汇率制是指政府听任汇率由外汇市场中的供求关系自发地确定的一种汇率制度。在这种制度下,政府不承担维持官定汇率的义务。世界各国在1973年后,先后废除金本位制,大多实行了浮动汇率制,这已成为当今世界的主流。

由于汇率的高低会影响本国商品的出口和国际收支平衡,而且有时波动幅度很大,所以自由浮动只是名义上的,实际上没有一个国家不在暗地采取干预措施,以达到自己的目的。这被称为管理性浮动,即受控制的浮动。

(二) 汇率的标价方法

汇率标价方法是指用外国货币表示本国货币,或是用本国货币表示外国货币。按汇率标价方法的不同,可分为直接标价法和间接标价法。

直接标价法是指以一单位(或扩大为一百乃至十万单位)的外币为基准(称为基础货币或单位货币),所能换到的本国货币数额(称为报价货币)来表示其汇率的形式。例如,我国公布2018年3月8日100美元=632.580 0元人民币,即当日汇率为6.325 8。目前,世界上除英国、美国外,大多都是用直接标价法表示外汇汇率,我国人民币与外国货币的汇率也是直接用标价法表示。

间接标价法是指以一单位的本国货币所能换到的外币数额来表示汇率的形式。例如,英国外汇市场上2018年3月8日100英镑=137.910 0美元,即当日汇率为1.379 1。目前,世界上大部分国家都用直接标价法,只有少数发达国家用间接标价法,如英国、美国(1978年9月1日开始改用间接标价法),但美元对英镑采用直接标价法。

显然直接标价与间接标价互为倒数,故被很多人称为倒数标价法。

(三) 汇率的分类

根据汇率的不同作用,外汇汇率主要有以下几种分类。

1. 按银行买卖外汇的汇率来分

通常外汇的买卖都要通过银行,因此,公布行情信息时都从银行的立场来看问题,从银行买卖外汇的角度划分,汇率分为买入汇率、卖出汇率、中间汇率和现钞汇率。

(1) 买入汇率又称外汇买入价,它是银行从客户手中买入外汇时使用的汇率,还可以称为出口汇率,意指出口商卖给银行外汇时用的汇率,如在我国2018年3月8日美元买入价为6.313 6元。

(2) 卖出汇率又称外汇卖出价,它是银行向客户卖出外汇时使用的汇率,还可以称为进口汇率,意指进口商向银行购买外汇时用的汇率,如在我国2018年3月8日美元卖出价为6.340 4元。

汇率的报价包括五位有效数字，一般同时报出买入价、卖出价。银行报价习惯总是按"基准货币/报价货币　买入价/卖出价"方式书写。例如，上述两个美元汇率写成"USD/RMB 6.313 6/6.340 4"。买入价与卖出价两者间的差价即为银行的手续费收入。

(3) 中间汇率又称外汇买卖中间价，它是买价与卖价的平均数，即未加银行手续费以前的汇率。中间汇率一般不用于外汇交易而只用于记账、缴纳关税等场合。我国在2005年汇改后，允许买卖价对中间价之差不对称，从而改称基准价，但实践中多沿用"中间价"的叫法。

(4) 现钞汇率又称现钞买入价，它在四个汇率中是最低的。这是将外币现钞交售给银行兑取人民币的价格。因为银行要等待积成整批外币后运到国外兑换，有运费、保险费、垫付利息等负担，故要比一般买入价低。例如，我国2018年3月8日美元现钞买入价为6.238 0元。

由于国际收支、通货膨胀、利率、经济增长率、财政赤字、外汇储备等因素都会影响一国货币对它所代表价值量的变化，从而使它与其他货币的兑换率也发生变化，即通常所说的汇率变动。2018年4月8日外汇汇率一览表如表3-2所示。

表3-2　2018年4月8日外汇汇率一览表

货币名称	现汇买入价	现钞买入价	现汇卖出价	现钞卖出价	中间价
英镑 GBP	885.15	857.64	891.67	893.62	884.83
港币 HKD	80.12	79.4	80.44	80.44	80.17
美元 USD	628.92	623.8	631.58	631.58	629.26
瑞士法郎 CHF	654.53	634.33	659.13	660.77	656.27
瑞典克朗 SEK	74.79	72.48	75.39	75.54	
丹麦克朗 DKK	103.5	100.31	104.34	104.54	
挪威克朗 NOK	80.16	77.68	80.8	80.96	
日元 JPY	5.873 3	5.690 8	5.916 5	5.916 5	5.907 5
加拿大元 CAD	491.42	475.91	495.05	496.13	491.52
澳大利亚元 AUD	482.2	467.22	485.75	486.81	483.38
欧元 EUR	771.41	747.44	777.1	778.65	772.06
澳门元 MOP	77.95	75.34	78.26	80.77	
菲律宾比索 PHP	12.06	11.69	12.16	12.73	
泰国铢 THB	20.06	19.44	20.22	20.84	
新西兰元 NZD	456.17	442.09	459.37	465	456.87
韩国元 KRW	0.586 1	0.565 5	0.590 9	0.612 3	
新加坡元 SGD	477.23	462.51	480.59	481.78	479.71
英镑 GBP	885.15	857.64	891.67	893.62	884.83

2. 按外汇交易的实践来分

这是按双方成交（一方付本币，另一方付外汇，也称为交割）的日期长短来划分的，可将汇率分为即期汇率和远期汇率。

即期汇率是指成交后双方"当即"交割的汇率。但由于地球时差及准备时间的原因，在外汇市场上，"当即"交割是指成交以后次日起第二个工作日交割。例如，星期一成交后，在星期三交割。即是交易双方达成外汇买卖协议后，在两个工作日以内办理交割的汇率。这一汇率一般就是现时外汇市场的汇率水平，通常是指中国人民银行公布的当日人民币外汇牌价的中间价。

远期汇率是指成交后在两个工作日以后的期间内交割的汇率。通常交割期约定为1~3个月，有时也可长达1年以上。远期汇率是远期外汇买卖所使用的汇率。远期外汇买卖，是指外汇买卖双方成交后并不立即交割，而是到约定的日期再进行交割的外汇交易。这种交易在交割时，双方按原来约定的汇率进行交割，不受汇率变动的影响。

3. 按企业记账所依据的汇率来分

按企业记账所依据的汇率划分，可将汇率分为记账汇率和账面汇率。

记账汇率是指企业在对发生的外币业务进行会计核算时所采用的汇率。这一汇率可以是现行汇率，也可以是历史汇率。

账面汇率是指企业在将以前发生的外币业务登记入账时所采用的汇率。账面汇率也就是历史汇率。

第二节　外币交易的会计方法

一、外币交易

外币交易是指以外币计价或者结算的交易。外币交易通常包括买入或者卖出以外币计价的商品或者劳务，借入或者借出的外币资金，以及其他以外币计价或者结算的交易。外币交易可以有多种多样的形式，常见的外币交易有：

（1）企业购买和销售或提供以外币标价的商品和劳务。

（2）为融资目的将以外币标价的应收款或应付款进行互换的行为。

（3）企业作为应履行的期汇合同的当事人。

（4）企业基于其他原因取得或处理以外币计价的资产，承担或清偿以外币计价的负债。

二、外币交易的一般会计方法

当外币业务发生时，由于原币和记账本位币多不一致，国际上对此遂有分账制和统账制两种记账方法，即外币业务的簿记有两种方式：①分币记账制（分账制）；②统一货币记账制

(统账制)。

（一）分账制

分账制又称为分币记账制或原币记账制,是指在外汇交易发生时直接用原币记账,平时不进行折算,也不反映记账本位币金额,在期末时再将各种外币账户的余额和发生额折合成记账本位币,然后编报会计报表的记账方法。在这种方法下,企业的记账本位币业务和外币业务均应分别设立账户反映,即有几种币种入账,就应设立几套账户。在发生外币业务时,以原币记账,而不立即折算为记账本位币记账。如果发生两种货币间的兑换业务,应通过单独设置的"外币兑换"科目作为两种科目之间的桥梁来进行会计处理,分别与原币的对应科目构成借贷关系。到会计期末,再按一定汇率将各种外币账户的余额换算成记账本位币编制财务报表。各种外币的"外币兑换"科目期末余额按期末即期汇率折算成记账本位币金额,将其与记账本位币的"外币兑换"科目金额之间的差额,作为汇兑损益处理。这种方法适用于外币制业务发生笔数较多的企业,如经营多种货币信贷的外汇业务银行、融资租赁公司等。

（二）统账制

统账制也称为统一货币记账制或记账本位币制,是指以记账本位币作为统一记账货币的方法。即以本国货币作为记账本位币,将发生的其他货币的经济业务折合为本国货币反映,外币在账簿上只作辅助记录。在这种记账方法下,所有外币的收支,都应折算为记账本位币进行反映,外币金额只在账上作为补充资料进行反映。

我国企业一般应以人民币作为记账本位币。所以,在统账制下,当企业发生外币业务时一般按人民币统一设账,统一记录,外币业务的金额均要换算为人民币金额后入账反映,同时要设立不同外币种类的二级辅助科目,反映外币资金和外币债权、债务的增减情况。

无论采用分账制还是统账制,只是账务处理方法不同,其产生的汇兑损益的确认、计量的结果和列报,应当一致。一般企业发生外币制业务笔数不多,可以采用统账制。在我国,除金融企业外,多数外贸企业都采用统账制记账方法。本书采用的也是统账制的记账方法。

三、外币交易的一般会计程序

（一）初始计量与确认

根据 2006 年颁布的《企业会计准则第 19 号——外币折算》中的规定,企业在处理外币交易和对外币财务报表进行折算时,初始确认应当采用即期汇率,也可采用近似汇率。所谓即期汇率,通常是指中国人民银行公布的当日人民币外汇牌价的中间价;即期汇率的近似汇率是指按照系统合理的方法确定的、与交易发生日即期汇率近似的汇率,通常采用当期平均汇率或加权平均汇率等。

企业通常应当采用即期汇率进行折算。汇率变动不大的,也可采用即期汇率的近似汇率进行折算。即对外币交易的初始计量与确认,是将外币金额按照交易日的即期汇率或即期汇率的近似汇率折算为记账本位币金额,按照折算后的记账本位币金额登记有关账户;在登记有关记账本位币账户的同时,按照外币金额登记相应的外币账户。

但企业与银行实际发生结汇、购汇或兑换等业务,应当按实际采用的汇率(银行买入价或卖出价)折算。

企业收到投资者以外币投入的资本,应当采用交易发生日即期汇率折算,不得采用合同约定汇率和即期汇率的近似汇率折算,外币投入资本与相应的货币性项目的记账本位币金额之间不产生外币资本折算差额。

(二)后续计量与确认

根据我国企业会计准则的规定,货币性项目和非货币性项目的后续计量与确认的原则不同。

1. 外币货币性项目和外币非货币性项目的区分

1)外币货币性项目

所谓货币性项目是指企业持有的货币资金和将以固定或可确定的金额收取的资产或者偿付的负债。外币货币性项目是指以外币计量的货币性项目。这里有两个条件:

(1)必须是货币资金,或是最终要变为外币制现金(即收或付外币)。

(2)必须是按某种外币定值(即按外币标准计算)成为固定金额,或是可确定(如按利率等可以算定)的金额。

具体外币货币性项目分为以下三类:

(1)外币制库存现金及银行存款。

(2)外币制应收账款、应收票据及其他货币性债权。

(3)外币制应付账款,应付票据,银行贷款及其他类似负债。

2)外币非货币性项目

非货币性项目是指货币性项目以外的项目。即企业持有的货币性资产,凡不属货币性的一切账户均属非货币性账户,如存货、固定资产、无形资产、收入、费用等。外币非货币性项目是指以外币计量的非货币性项目。外币非货币性项目有以下三种计量:

(1)以历史成本计量。

(2)以成本与可变现净值孰低计量。

(3)以公允价值计量。

需要说明的是,"货币性"并不意味着"流动性"(即在1年内能变成现金)。货币性项目必须是那些要按固定量的货币去了结的项目,而"了结"意味着法律上的现金清偿,这里"固定"意味着按外币定值,此额是固定的,只是汇率是变动的,从而本币额不固定。

2. 外币货币性项目和外币非货币性项目的后续计量和确认的原则

根据我国《企业会计准则第19号——外币折算》,外币货币性项目和外币非货币性项目的后续计量与确认有以下原则:

1)货币性项目

(1)结算外币货币性项目时,将其外币结算金额按照当日即期汇率折算为记账本位币金额,并与原记账本位币金额相比较,其差额记入"财务费用——汇兑损益"科目。

(2)期末,将所有外币货币性项目的外币余额,按照期末即期汇率折算为记账本位币金额,并与原记账本位币金额相比较,其差额记入"财务费用——汇兑损益"科目。

2) 非货币性项目

(1) 对以历史成本计量的外币非货币性项目,仍采用交易发生日的即期汇率折算,资产负债表日不改变其记账本位币金额,不产生汇兑损益。

(2) 对以成本与可变现净值孰低计量的存货,如果其可变现净值以外币确定,则在确定存货的期末价值时,应先将可变现净值折算为记账本位币,再与以记账本位币反映的存货成本进行比较。

(3) 对以公允价值计量的股票、基金等非货币性项目,如果期末的公允价值以外币反映,则应当先将该外币按照公允价值确定当日的即期汇率折算为记账本位币,再与原记账本位币金额进行比较,其差额作为公允价值变动损益,计入当期损益。如属于可供出售外币非货币性项目,形成的汇兑差额计入资本公积。

(三) 外币交易会计账户设置

1. 外币交易会计账户的分类

(1) 货币资金账户,如"库存现金""银行存款"等。

(2) 外币债权债务账户,如"应收账款""应收票据""预付账款""短期借款""长期借款""应付账款""应付票据""应付职工薪酬""应付股利""预收账款"等。

"应付职工薪酬"账户可以设置外币账户,但是"应交税费"账户不能设置外币账户。在外币业务核算中涉及的如"原材料""固定资产""实收资本"等账户,也不能设置外币账户。

另外,在"财务费用"账户中设置明细账户"汇兑损益",是为了核算由于汇率变动引起的记账本位币价值变动而产生的外币汇兑差额。

2. 外币交易会计账户设置的基本方式

(1) 外币类的会计账户设置通常为复币式,即在一个会计账户中不仅能够记录记账本位币(人民币)的金额,同时也能反映交易中外币账款的收付情况,比如币种、金额等。

(2) 企业通常在涉及外币业务的账户中按外币种类设置明细账,以满足对会计对象进行具体核算。例如,可以根据企业的需要对"应收账款"账户的具体债务人设置明细账户,即"应收账款——应收外汇账款(××外国企业)",详细记录具体债务人应收外汇账款的增减变化情况。

第三节 外币交易的会计处理

外汇业务不仅包括直接向银行兑换外币的交易(或称兑换),还包括以外币计价、以后还要以外汇了结清账的进出口业务、国际借贷、投资业务等。而外币交易会计也称外汇业务会计,是指外汇业务的会计处理,具体包括企业在出口收汇及结汇、进口购汇及付汇、使用外汇贷款和接受外汇投资过程中的会计处理。其主要内容有两方面:

(1) 企业外币交易发生外币金额折算及其相关的账务处理。

(2) 在期末对会计报表分别按外币货币性项目和外币非货币性项目进行相关报表项目的填列。

外币交易会计的内容受制约于外汇管理的体制。在国际经济金融形势的共同作用下,我国外汇储备规模将保持连年增长的态势,我国外汇储备也早已从稀缺转为溢余,外汇管制的政策也在不断地变化之中,如强制结汇制已放开为自愿结汇制,甚至放开为有条件的境外存汇等。因此,外汇业务会计处理当然要随之变动。但1996年修订的《结汇、售汇及付汇管理规定》多年来并未作全面修订。外贸企业在具体实践中多数还是沿用原有的会计处理。

一、外汇(币)收入的会计处理

(一) 外汇(币)收入的来源

企业外汇(币)收入的来源渠道众多,大致分为经常项目及资本项目两大类,具体则有:外贸企业出口收汇;外来投资;对外投资分来红利及利息;向银行买入;境外贷款或发行债券、股票等;劳务承包公司境外工程合同期内调入境内的工程往来款项;非贸易外汇;等等。从这些渠道中流入的外汇,一般可有现汇及外币两种形态。

(1) 现汇。自1994年外汇体制改革以来,我国一直实行的是强制性的银行结售汇制度。但随着我国外汇储备的进一步增加,陆续放宽为限额保留,至2007年8月完全取消限额。对于企业来说,外汇收入可以自主选择结汇或自行开户留汇。

(2) 外币。各国外币在别国国内一般都不能流通使用。在一般情况下,国有企业、股份制企业、集体企业都无从取得外币。但在特区、保税区,个别经特别批准的,还会有外币流通的情况发生。

企业的外汇收入可以选择自行开户留汇,企业可以开立现汇账户自行保留。这样的话,付汇时就不需要购汇,直接用外汇就可以支付了。但接受开户的银行,必须是经国家外汇管理局批准经营外汇业务的金融机构,包括外汇指定银行及外资银行。

外汇管理局还根据企业外汇收支的合规性及其与货物进出口的一致性,将企业分为A、B、C三类。A类企业进口付汇单证简化,可凭进口报关单、合同或发票等任何一种能够证明交易真实性的单证在银行直接办理付汇,出口收汇无需联网核查;银行办理收付汇审核手续相应简化。对B、C类企业在贸易外汇收支单证审核、业务类型、结算方式等方面实施严格监管。B类企业贸易外汇收支由银行实施电子数据核查,C类企业贸易外汇收支须经外汇局逐笔登记后办理。外汇局根据企业在分类监管期内遵守外汇管理规定情况,进行动态调整。A类企业违反外汇管理规定将被降级为B类或C类;B类企业在分类监管期内合规性状况未见好转的,将延长分类监管期或被降级为C类;B、C类企业在分类监管期内守法合规经营的,分类监管期满后可升级为A类。

(二) 收入外汇(币)的会计处理

1. 企业收入并保留现汇时

原始凭证:借方账户的凭证为银行进账单,贷方账户的凭证根据不同情况而定。

借：银行存款——××银行(外币户)
　　贷：应收账款——应收外汇账款(××客户)
　　　　实收资本——××投资方
　　　　银行借款——××外汇借款
　　　　……

2. 企业立即结汇时

原始凭证：借方账户的凭证为银行结汇水单，贷方账户的凭证根据不同情况而定。

借：银行存款——××银行(外币户)
　　贷：应收账款——应收外汇账款(××客户)
　　　　应付账款——委托单位
　　　　……

借：银行存款——××银行(人民币户)
　　贷：银行存款——××银行(外币户)

以上结汇时由于汇率的变动产生的汇兑差额记入"财务费用——汇兑损益"科目。

【例3-1】 甲外贸公司销售给美国A公司服装一批，有关经济业务如下：

(1) 5月5日，销售给美国A公司服装一批，发票金额为60 000美元，当日的即期汇率为1美元＝6.36元人民币。

(2) 5月18日，银行收妥款项，送来现汇收账通知，当日的即期汇率为1美元＝6.35元人民币。

(3) 5月20日，将50 000美元向银行办理结汇，当日银行的买入汇率为1美元＝6.34元人民币。

甲外贸公司应作会计分录如下：

(1) 5月5日：

借：应收账款——应收外汇账款(A公司)(USD60 000×6.36)　　　381 600
　　贷：主营业务收入——自营出口销售收入(服装)　　　　　　　381 600

(2) 5月18日：

借：银行存款——中国工商银行(美元户)(USD60 000×6.35)　　　381 000
　　财务费用——汇兑损益　　　　　　　　　　　　　　　　　　　　600
　　　贷：应收账款——应收外汇账款(A公司)(USD60 000×6.36)　381 600

(3) 5月20日：

借：银行存款——中国工商银行(人民币户)(USD50 000×6.34)　　317 000
　　财务费用——汇兑损益　　　　　　　　　　　　　　　　　　　　500
　　　贷：银行存款——中国工商银行(美元户)(USD50 000×6.35)　317 500

由于我国对资本项目尚未完全放开，故对其资本项目的收入必须全部进入企业的外汇账户，非经外汇局审批，不得结汇。

在具体企业实务中,结汇往往是通过外币待核查账户,即银行和外汇管理局用来监测审查每一笔外汇收入的账户,目的是为了防止大量"热钱"流入造成国际收支失衡。企业的外汇进来后银行会先转到外币待核查账户中,企业等电子口岸里有收汇额度后,去银行办理从外币待核查账户转入外币的经常项目下账户中或是结汇处理。

二、外汇(币)支出的会计处理

(一) 外汇(币)支出的方式

企业从国外采购商品和原材料,或者引进各种设备,应按照当日的即期汇率将应该支付的外币折算成人民币,用来确定原材料或固定资产的入账价值,同时按照外币的币种和金额登记相应的外币账户。

企业对外支付外汇分为两种方式:一是从企业现汇账户中直接支付;二是从银行购汇后支付。

1. 直接从现汇账户中支付

外贸企业直接从现汇账户支付的外汇支出,可以分成两种情况:

(1) 只需凭有效商业单据和有效凭证,即可对外支付的外汇支出。

(2) 需经外汇管理部门审核后对外支付的外汇支出。

2. 购汇支付

外贸企业可以通过向经营结汇、售汇业务的银行或金融机构购汇后对外支付。

根据国家外汇管理局的要求,外贸企业必须在办理进口付汇业务之前或办理进口付汇业务的同时,办理名录登记手续,否则,外汇管理局将不受理其备案申请。

(二) 外汇(币)支出的支付渠道

2008 年 8 月 5 日公布实施的《外汇管理条例》规定,经常项目外汇支出,应当按照国务院外汇管理部门关于付汇与购汇的管理规定,凭有效单证以自有外汇支付或者向经营结汇、售汇业务的金融机构购汇支付。

根据外汇管理条例规定,境内机构、企业的贸易及非贸易经营性对外支付用汇,除可从保留外汇账户中直接支付外,也可由企业持与支付方式相应的有效商业单据和所列有效凭证到外汇指定银行兑付,资本项目则要先经外汇管理局审核。具体的渠道有以下几种情况。

1. 只需凭有效商业单据和有效凭证即可对外支付

1) 外汇经常项目

经常项目是指一国与外国进行的经济交易中经常发生的交易项目,包括贸易收支、服务收支、单方面转移等。经常项目外汇支出,可以从外汇账户中直接支付,也可由企业持与支付方式相应的有效商业单据和所列有效凭证到外汇指定银行兑付。经常项目范围如下:

(1) 贸易进口用汇。货款结算方式不同,则相应的有效凭证和商业单据也会不同。不同结算方式的外汇支付如表 3-3 所示。

表 3-3　不同结算方式的外汇支付

结算方式	支付渠道
信用证（或保函）	开立信用证保证金；从企业人民币账户或外汇账户中支付，不得购汇。待最终了结付汇时可持进口合同、开证申请书，还应提供信用证要求的有效商业单据，及验货合格证明进行现汇支付或购汇支付
跟单托收	持进口合同、进口付汇通知书及托收要求的有效商业单据进行现汇支付或购汇支付
汇款	持进口合同、发票、正本报关单、正本运输单据。如提单上的"提货人"和报关单上的"经营单位"与进口合同中的买方不一致，还应提供两者间的代理协议（海关实行"无纸化"后，单证多改在线操作），然后进行现汇支付或购汇支付

（2）预付不超过合同总金额 15%（或虽超过而未超过等值 10 万美元）的货款，应持进口合同进行现汇支付或购汇支付。

（1）（2）两项如属实行进口配额管理或特定产品进口管理的货物，还应提供许可证或进口证明；如为实行自动登记制的货物则应提供已填好的登记表。

（3）支付进口及出口运输费、保险费，应分别持进口及出口合同、正本收据。

（4）支付佣金。不超过合同总金额的一定比例（例如 10%，时有变动）的暗佣和明佣或虽超过比例而未超过等值 1 万美元的，应持出口合同或佣金协议、结汇水单或收账通知。

（5）偿还境内中资金融机构外汇贷款利息，应持外汇（转）贷款登记证、借贷合同和债权人付息通知单。

（6）以外币支付股息，应持董事会分配利润的决议书及完税证明。

（7）外商投资企业支付外方投资者依法纳税后的利润、红利，应持董事会利润分配决议。外商投资企业支付外籍、华侨、我国港澳台职工依法纳税后的人民币工资及其他正当收益，应持证明材料。

2）外汇资本项目

外汇资本项目是指国与国之间发生的资本流出与流入。换言之，就是一国为了某种经济目的在国际经济交易中发生资本跨国界的收支项目。这里的资本性支付主要是指偿还境内中资金融机构外汇贷款本金，对此应该持外汇（转）贷款登记证、借贷合同。

2. 需经外汇管理局审核后购汇对外支付

境内机构下列贸易及非贸易经营性对外支付，经外汇管理局审核后到外汇指定银行兑付或从外汇账户中支付。

1）经常项目范围

（1）超过规定比例的预付货款、佣金。

（2）转口贸易项下先支后收发生的对外支付。

（3）偿还外债利息。

2）资本项目范围

（1）偿还外债本金，持外债登记证及债权机构还本通知单支付。

（2）对外担保履约用汇，持担保合同、外汇管理局核发的外汇担保登记证及境外机构支付通知。

（3）境外投资资金的汇出，持国家主管部门的批准文件和投资合同。

(三) 外汇(币)支出的核算

外汇(币)支出的会计处理,总体上贷记"银行存款——××银行(外币户)"及"库存现金"科目。根据两种不同的支付方式,又略有区别。

1. 直接从现汇账户中支付

从外汇账户直接支付的典型的会计分录如下(增值税略):

借:在途物资或材料采购(原材料、库存商品等)

　　在建工程(进口需安装的固定资产)

　　固定资产(进口不需安装的固定资产)

　　无形资产

　　管理费用——技术转让费等

　　贷:银行存款——××银行(外币户)

对应付账款及外方人员的应付工资等的偿付,情况较为复杂,这里不再赘述。

2. 购汇支付

如果是购汇支付,则只要再加一笔购汇的会计分录就可以了。

借:银行存款——××银行(外币户)

　　贷:银行存款——××银行(人民币户)

另外,外汇支出的会计处理,自1993年7月1日起采用国际上通行的按外币业务发生当时的汇率贷记"银行存款"科目的做法。其借方所记按当时即期汇率来确定的原材料或固定资产的入账价值,与现在贷方付出时的汇率之间有可能不一致,这样造成的差额称为汇兑损益,记入"财务费用——汇兑损益"科目,关于汇兑损益的会计处理将在本章第四节单独讨论。

【例3-2】 甲外贸公司从银行买入100 000美元,交易日银行卖出价1美元=6.33元人民币,即期汇率为1美元=6.30元人民币,甲外贸公司应作会计分录如下:

借:银行存款——中国工商银行(美元户)(USD100 000×6.30)　　630 000

　　财务费用——汇兑差额　　　　　　　　　　　　　　　　　　　　3 000

　　贷:银行存款——中国工商银行(人民币户)　　　　　　　　　　633 000

【例3-3】 在向银行购汇的情况下,甲外贸公司以信用证方式向外商支付进口货款10 000美元,银行当天卖出价1美元=6.35元人民币,即期汇率为1美元=6.33元人民币。甲外贸公司应作会计分录如下:

(1) 外汇开证时:

借:其他货币资金——信用证保证金(USD10 000×6.33)　　63 300

　　财务费用——汇兑损益　　　　　　　　　　　　　　　　　　200

　　贷:银行存款——中国工商银行(人民币户)　　　　　　　63 500

(2) 对方银行提示付款时,当日即期汇率为1美元=6.28元:

借:应付账款——应付外汇账款(USD10 000×6.28)　　　　62 800

　　贷:其他货币资金——信用证保证金(USD10 000×6.28)　　62 800

【例 3-4】 在动用现汇的情况下,甲外贸公司向外商支付进口货款 10 000 美元,银行当天卖出价为 1 美元＝6.33 元人民币,当天的即期汇率为 1 美元＝6.28 元人民币,甲外贸公司应作会计分录如下:

借:应付账款——应付外汇账款(USD10 000×6.28) 62 800
　　财务费用——汇兑损益 500
　贷:银行存款——中国工商银行(美元户)(USD10 000×6.33) 63 300

三、外汇借款及外汇投资的会计处理

(一) 外汇借款

1. 外汇借款的种类

外汇借款是指银行对境内依法设立的机构发放的外汇贷款以及外国政府、国际金融组织转贷款和进出口信贷。银行发放境内外汇贷款的利率应遵守中国人民银行有关利率的规定。贷款的发放和收回要求币种一致。

外汇借款的种类主要包括外汇现汇贷款、外汇转贷款、外汇质押贷款、外汇打包放款、备用信用证担保贷款等。贷款的主要币种有美元、欧元、日元、港元、英镑。在各类外汇借款中外汇现汇贷款占有很大的比重,它是外贸企业在开展进出口业务中普遍选择的融资方式之一。贷款利率既可以采用浮动利率,也可以采用固定利率。浮动利率一般参照金融市场银行同业的拆放利率加上银行筹资的综合成本及相应的利润确定。与外国政府贷款和国外银行的买方信贷相比,现汇贷款用途广泛,可用于任何国家或地区采购设备和材料。

一般来说,外汇现汇贷款既可以满足企业流动资金方面的需求,也可以满足企业固定资产投资的需求,贷款种类既包括短期贷款,也包括中长期贷款。

2. 外汇借款的条件

以外汇现汇贷款为例。外汇现汇贷款只对企业发放,凡是具有企业法人资格的经济实体,在银行开立账户,具有偿还贷款能力的均可以申请现汇贷款。申请贷款的主要条件是:

(1) 借款人应当是经工商行政管理机关(或主管机关)核准登记的企事业法人、其他经济组织等,拥有工商行政管理部门颁发的企业法人营业执照。

(2) 借款用途必须正当合理,具有经济效益。

(3) 借款人应有相应的外汇资金来源,如借款人没有外汇收入,则应有外汇管理部门同意购汇还贷的证明文件。

(4) 符合银行其他有关贷款规定要求。

3. 外汇借款的使用范围

企业得到的外汇借款一般用于在进出口贸易中的对国外支付,不允许在境内结汇成人民币使用。使用范围具体主要有:

(1) 进口原材料及辅助材料、包装物料。

(2) 引进或进口国外技术、设备、零部件。

(3) 支付外币运费、保险费和佣金。

(4) 国家允许的其他用汇。

4. 外汇借款的偿还

根据"借外汇、用外汇、还外汇"的原则,外汇借款的偿还可以用借款的自有外汇归还外汇贷款本息,借款人如没有外汇,或自有外汇不足的,可以购汇还贷。因此,外汇清偿的来源主要有:

(1) 出口收汇归还贷款。这是企业主要的还贷方式,即出口的外汇销售收入到账不予结汇,直接归还银行的外汇借款。

(2) 购汇偿还。借款到期外汇短缺,可以用人民币向银行购汇归还贷款。

(3) 用偿债基金偿还。即企业按照外债余额的一定比例建立偿债基金,将出口收入直接存入偿债现汇专户,专门用于归还外汇借款。

5. 外汇借款的会计处理

企业借入外币资金时,按照借入外币时的市场即期汇率折算为记账本位币入账,同时按照借入外币的金额登记相关的外币账户。

【例3-5】 甲外贸公司1月1日借入半年期外汇现汇贷款1 000 000美元,用于从国外进口A材料,贷款年利率2.4%,当天市场即期汇率为1美元=6.32元。该批借款用于从国外进口A原料。甲外贸公司相关账务处理如下:

(1) 1月1日,甲外贸公司借入外汇的会计分录如下(不考虑期末调整):

借:银行存款——中国工商银行(美元户)(USD1 000 000×6.32)　　6 320 000
　　贷:短期借款——外汇借款(美元)(USD1 000 000×6.32)　　　　6 320 000

借:在途物资——A材料　　　　　　　　　　　　　　　　　　　　6 320 000
　　贷:银行存款——中国工商银行(美元户)(USD1 000 000×6.32)　　6 320 000

(2) 3月31日,计提第一季度利息,计提日即期汇率为1美元=6.31元人民币:

借:财务费用——利息　　　　　　　　　　　　　　　　　　　　　37 860
　　贷:短期借款——外汇借款(美元)(USD6 000×6.31)　　　　　　37 860

(3) 6月30日,用出口收汇全部归还借款本息,当天即期汇率为1美元=6.30元人民币,第二季度计提利息的会计分录同第一季度。

借:短期借款——外汇借款(美元)(USD1012 000×6.32)　　　　　6 395 840
　　贷:银行存款——中国工商银行(美元户)(USD1012 000×6.30)　6 375 600
　　　　财务费用——汇兑损益　　　　　　　　　　　　　　　　　20 240

(二)外汇投资

企业收到投资者以外币投入的资本,无论是否有合同约定的汇率,均不得采用合同约定的汇率和即期汇率的近似汇率折算,而是采用交易日即期汇率折算。这样,外币投入资本与相应的货币性项目的记账本位币金额相等,不产生外币资本折算差额,但计算出资比例时,仍按照合同约定的汇率折算。

【例3-6】 甲外贸公司的记账本位币为人民币。某日,甲外贸公司与某外商签订投资合同,当日收到外商投入资本500 000美元,当日的即期汇率为1美元=6.35元人民币,假定投资合同约定的汇率为1美元=6.50元人民币。甲外贸公司应作会计分录如下:

借：银行存款——中国工商银行(美元户)(USD500 000×6.35)   3 175 000
    贷：实收资本——××外商   3 175 000

第四节　汇兑损益的内涵和会计处理

一、汇兑损益的概念及内容

(一) 汇兑损益的概念

汇兑损益是指企业会计账户中的各种外币账户、外币报表的项目由于记账时间和汇率不同而产生的折合为记账本位币的差额。即企业在持有的外币货币性资产和负债期间，由于汇率变动，其持有的外币在不同时期代表的价值量不同，所产生的损失或收益被称为汇兑损益。外币货币性资产在汇率上升时，产生汇兑收益；反之，产生汇兑损失。外币货币性负债则相反。

(二) 汇兑损益的内容

汇兑损益包括外币折算差额和外币兑换差额两个部分。

1. 外币折算差额

外币折算差额是指企业各外币账户的记账本位币由于折算的时间不同，采用的折算汇率不同而产生的差额。外币折算差额应当分别外币货币性项目、外币非货币性项目和外币投入资本项目进行会计处理。

2. 外币兑换差额

外币兑换差额是指外币与记账本位币之间兑换和不同外币之间的兑换由于实际的兑换汇率与记账汇率不同而产生的差额。

实际兑换汇率是指兑入外币金额时的银行卖出价和兑出外币金额时的银行买入价。记账汇率是指外币业务发生当日的市场汇率的中间价。因此，实际兑换汇率与记账汇率之间必然存在差异，从而产生了外币兑换差额，也就是汇兑损益。

1) 外币与记账本位币之间的兑换

从事外币兑换业务时，由于银行总是低价(买入价)买入，高价(卖出价)卖出，企业在外币兑换中会产生汇兑损失。

(1) 购汇时，按银行卖出价兑入外币金额，按照当日的市场汇率的中间价入账，实际兑换汇率与记账汇率之间的差额就是外币兑换差额，计算公式如下：

外币兑换差额＝外币金额×当日银行卖出价－外币金额×当日汇率中间价

(2) 结汇时，按照银行买入价兑出外币金额，按照当日的市场汇率的中间价入账，实际

兑换汇率与记账汇率之间的差额就是外币兑换差额,计算公式如下:

外币兑换差额＝外币金额×当日汇率中间价－外币金额×当日银行买入价

2) 不同外币之间的兑换

《企业会计准则》规定,企业发生的外币交易涉及人民币以外的货币之间折算,应根据国家外汇管理局公布的各种货币对美元的折算率,采用套算的方法进行折算。

不同币种外币间的互相兑换,可认为是一种外币兑换成人民币后再将兑得款购入另一种外币,是两种情况的复合。在我国银行实践中,要按待兑换的两种外币,分别作买入、卖出处理。此时两种外币买入价或卖出价各自会和企业的入账汇率(即按业务发生当时中间价入账)产生差异,这也是外币兑换差额,即汇兑损益。此时共有两个因素造成汇兑损益:

(1) 兑出的 A 外币按现时银行买入价计算的总额与原账面汇价总额之差。

(2) 兑入的 B 外币按现时银行卖出价与该外币按中间价入账之差。

【例3-7】 甲外贸公司有 50 000 港元要兑成美元。港元存款户的汇率为 1 港元＝0.798元人民币。当天港元买入价为 1 港元＝0.801 2 元人民币,卖出价为 1 港元＝0.804 4 元人民币,中间价为 1 港元＝0.801 7 元人民币。美元买入价为 1 美元＝6.289 2 元人民币,卖出价为 1 美元＝6.315 8 元人民币,中间价为 1 美元＝6.292 6 元人民币。则采用套算的方法进行折算时,先将港元折成人民币,再用人民币买入美元,计算如下:

$$兑入美元 = \frac{50\,000 \times 0.801\,2}{6.315\,8} = 6\,342.82(美元)$$

美元按当天中间价 1 美元＝6.292 6 元人民币记账,则兑入汇率与记账汇率的差额计入汇兑损益。

外币兑换差额＝兑入美元金额×(当日美元汇率卖出价－当日美元汇率中间价)
　　　　　　＝6 342.82×(6.315 8－6.292 6)＝147.17(元)

根据计算结果,作会计分录如下:

借:银行存款——中国工商银行(美元户)(USD6 342.82×6.292 6)　　39 912.83
　　财务费用——汇兑损益　　　　　　　　　　　　　　　　　　　　　147.17
　贷:银行存款——中国工商银行(港元户)(HKD50 000×0.801 2)　　40 060.00

二、汇兑损益的核算原则

1. 外币货币性项目

对于外币货币性项目,因结算或采用资产负债表日的即期汇率折算而产生的汇兑损益,计入当期损益,同时调增或调减外币货币性项目的记账本位币金额。

2. 外币非货币性项目

(1) 以历史成本计量的外币非货币性项目,由于已在交易发生日按当日即期汇率折算,资产负债表日不应改变其原记账本位币金额,不产生汇兑差额。

(2) 以公允价值计量的外币非货币性项目,如交易性金融资产(股票、基金等),采用公允价值确定日的即期汇率折算,折算后的记账本位币金额与原记账本位币金额的差额,作为公允价值变动损益(含汇率变动)处理,计入当期损益。

3. 外币投入资本

企业收到投资者以外币投入的资本,应当采用交易发生日即期汇率折算,不得用合同约定汇率和即期汇率的近似汇率折算,外币投入资本与相应的货币性项目的记账本位币金额之间不产生外币折算差额。

实质上构成对境外经营净投资的外币货币性项目,企业编制合并财务报表涉及境外经营的,如有实质上构成对境外经营净投资的外币货币性项目,因汇率变动而产生的汇兑差额,应列入所有者权益"外币报表折算差额"项目。

三、汇兑损益的归属

企业发生的汇兑损益,根据我国《企业会计准则》的有关规定,应该分别不同情况,对汇兑损益进行不同的处理:

(1) 企业在生产经营期间发生的汇兑损益,一般应计入当期财务费用。

(2) 企业在筹建期间发生的汇兑损益,直接计入管理费用。

(3) 与购建固定资产等有关的外币借款产生的汇兑损益,在所购建或生产的资产达到预定可使用或可销售状态前发生的,符合资本化条件的应计入有关资产的购建或生产成本,不符合资本化条件的及在所购建或生产的资产达到预定可使用或可销售状态后发生的,计入当期的财务费用。

(4) 企业按规定在年末将外币财务报表折算为人民币表示的财务报表时,因报表折算产生的差额,作为"外币报表折算差额"处理,在资产负债表的所有者权益项目下作为一个单独项目列示。

(5) 企业在清算期间发生的汇兑损益,应记入"清算损益"科目。

四、汇兑损益的确认

对企业发生的外币交易业务所涉及的债权债务结算方面的汇兑损益处理方面,存在两种截然不同的确认观点,即一笔交易观和两笔交易观。

1. 一笔交易观

一笔交易观将外币交易发生与结算视为一项不可分割的完整业务。一笔交易观的会计处理要点是:①在交易发生日,按当日汇率将发生的交易折算为记账本位币入账。②在报表编制日,若交易尚未结算,则按报表编制日汇率折算的记账本位币金额反映交易金额,并对相关账户进行调整。③在交易结算日,按结算日汇率折算的记账本位币金额反映交易金额,并对相关账户进行调整。

这种观点下,因双方权利和义务要按原币结算,故成交日外币折合记账本位币金额是一笔"暂估"数,日后结算时按支付日汇率折合记账本位币金额才是真正的价款金额,应该按后者调整第一笔会计记录的金额。账上不出现独立表示的因汇率变动所致的差异额。我国不采用这种观点。

2. 两笔交易观点

两笔交易观认为,成交日确立的是购销业务,结算支付日产生的是另一笔外汇买卖业务。前者应由企业的购销部门业务人员负责;后者则应由企业的财务部门对如何避免汇率波动的风险负责。两者考核对象是不同的。这时账上要单独记录因汇率变动所致的差异。

【例3-8】 我国甲外贸公司销售给美国波士顿公司产品100件,每件单价100美元。甲外贸公司的会计分录如下:

(1) 赊销成交日——按交货当日即期汇率入账,当日市场汇率为1美元＝6.345 1元人民币:

借:应收账款——应收外汇账款(美国波士顿公司)(USD10 000
　　　　　　　×6.345 1)　　　　　　　　　　　　　　　63 451
　贷:主营业务收入——自营出口销售收入　　　　　　　　63 451

(2) 决算编表日——设当天外币汇率为1美元＝6.335 3元人民币,则产生汇兑差额为USD10 000×0.009 8(6.345 1－6.335 3):

借:财务费用——汇兑损益　　　　　　　　　　　　　　　98
　贷:应收账款——应收外汇账款(美国波士顿公司)(USD10 000×0.009 8)　98

(3) 收汇清账日——按当日即期汇率将最终收汇数折合入账,设汇率1美元＝6.320 3元人民币:

借:银行存款——中国工商银行(美元户)(USD10 000×6.320 3)　63 203
　　财务费用——汇兑损益　　　　　　　　　　　　　　　150
　贷:应收账款——应收外汇账款(美国波士顿公司)(USD10 000
　　　　　　　×6.335 3)　　　　　　　　　　　　　　　63 353

可见在两笔交易观点下,销售(或采购)账户在结算时即不再调整。我国现行会计制度也都采用这一观点。

五、汇兑损益的逐笔结转法及集中结转法

在两笔交易观点下,汇兑损益的确认入账,有两种实践:逐笔结转法和集中结转法。

(一) 逐笔结转法

逐笔结转法是指企业每结汇一次,就计算并结转一次汇兑损益的方法。即外贸企业平时发生的外币业务按当日的即期汇率或银行的买入价、卖出价进行折算,如与账面汇率不同时,就立即计算并结转该笔业务的汇兑损益的一种方法。

为求适当减少汇兑损益的入账次数,以往对汇率的选定一般采用"先进先出法"的处理方法,而不采用业务发生当时的汇率。1993年后我国已基本停止使用这种方法。

采用这种方法确认汇兑损益时,月末、季末不再确认和结转汇兑损益,到年底再将外币账户中的银行存款、债权和债务中的原币按当日市场汇率折算为人民币,当该人民币的数额

与该原币账面上对应的人民币数额存在差额时,即将该差额确认为汇兑损益。

(二) 集中结转法

集中结转法是指企业平时结汇时,按当日的市场汇率核销相关的外币账户,将汇兑损益集中在期末结转的方法。即平时可以不逐笔计算和结转汇兑损益,让其隐含在各账户之间,到月末再集中一次计算和结转。外贸企业平时发生的外币业务除结汇和购汇外,均按照交易日即期汇率登记原币和折算的人民币数额,不确认汇兑损益,月末再将外币账户中的银行存款、债权和债务中的原币按当日市场汇率折算为人民币,当该人民币的数额与该原币账面上对应的人民币数额之间存在差额时,即将该差额确认为汇兑损益。

采用这种方法确认为汇兑损益时,除结汇和购汇外,每个月底都要确认一次汇兑损益。而结汇和购汇存在差额时,即将该差额确认为汇兑损益。

【例3-9】 甲外贸公司外币交易采用业务发生时的即期汇率进行折算,并按月计算汇兑损益。7月31日,即期汇率为1美元=6.30元人民币。有关外币账户期末余额如下:银行存款100 000美元,应收账款200 000美元,应付账款50 000美元。甲公司8月份发生如下外币业务(假设不考虑有关税费)。

(1)8月5日,赊销给美国A公司产品1 000件,每件单价100美元,当日的市场汇率为1美元=6.35元人民币。

(2)8月8日,从银行借入短期外币借款250 000美元,款项存入银行,当日的市场汇率为1美元=6.32元人民币。

(3)8月15日,从美国B公司进口原材料一批,价款共计200 000美元,款项用外币存款支付,当日的市场汇率为1美元=6.38元人民币。

(4)8月17日,从美国C公司赊购原材料一批,价款总计160 000美元,款项尚未支付,当日的市场汇率为1美元=6.40元人民币。

(5)8月22日,收到8月5日美国A公司的赊销货款50 000美元,当日的市场汇率为1美元=6.40元人民币。

(6)8月31日,偿还借入的短期外币借款150 000美元,当日市场汇率为1美=6.38元人民币。

1. 该公司8月相应的会计分录如下:

(1)8月5日:

借:应收账款——应收外汇账款(美国A公司)(USD100 000×6.35)　635 000
　　贷:主营业务收入——自营出口销售收入　　　　　　　　　　　635 000

(2)8月8日:

借:银行存款——中国工商银行(美元户)(USD250 000×6.32)　1 580 000
　　贷:短期借款——短期外汇借款(美元户)(USD250 000×6.32)　1 580 000

(3)8月15日:

借:原材料　　　　　　　　　　　　　　　　　　　　　　　　　1 276 000
　　贷:银行存款——中国工商银行(美元户)(USD200 000×6.38)　1 276 000

(4) 8月17日:

借：原材料　　　　　　　　　　　　　　　　　　　　　　　　1 024 000
　　贷：应付账款——应付外汇账款（美国C公司）(USD160 000×6.40)　1 024 000

(5) 8月22日:

借：银行存款——中国工商银行（美元户）(USD50 000×6.40)　320 000
　　贷：应收账款——应收外汇账款（美国A公司）(USD50 000×6.40)　320 000

(6) 8月31日:

借：短期借款——短期外汇借款（美元户）(USD150 000×6.38)　957 000
　　贷：银行存款——中国工商银行（美元户）(USD150 000×6.38)　957 000

上述会计分录过账后各账户的情况如表3-4至表3-7所示。

表3-4　银行存款明细账

年		摘要	借方			贷方			借或贷	余额		
月	日		原币	汇率	人民币	原币	汇率	人民币		原币	汇率	人民币
7	31	期初							借	100 000	6.3	630 000
8	8	赊销	250 000	6.32	1 580 000				借	350 000		2 210 000
8	15	进口				200 000	6.38	1 276 000	借	150 000		934 000
8	22	收回	50 000	6.40	320 000				借	200 000		1 254 000
8	31	偿还				150 000	6.38	957 000	借	50 000		297 000

表3-5　应收外汇账款明细账

年		摘要	借方			贷方			借或贷	余额		
月	日		原币	汇率	人民币	原币	汇率	人民币		原币	汇率	人民币
7	31	期初							借	200 000	6.3	1 260 000
8	5	赊销	100 000	6.35	635 000				借	300 000		1 895 000
8	22	收回				50 000	6.40	320 000	借	250 000		1 575 000

表3-6　应付外汇账款明细账

年		摘要	借方			贷方			借或贷	余额		
月	日		原币	汇率	人民币	原币	汇率	人民币		原币	汇率	人民币
7	31	期初							贷	50 000	6.30	315 000
8	8	赊购				160 000	6.40	1 024 000	贷	210 000		1 339 000

表3-7　短期借款明细账

年		摘要	借方			贷方			借或贷	余额		
月	日		原币	汇率	人民币	原币	汇率	人民币		原币	汇率	人民币
8	8	借入							贷	250 000	6.32	1 580 000
8	31	偿还	150 000	6.38	957 000				贷	100 000		623 000

2. 期末计算汇兑损益如表 3-8 所示。

表 3-8 汇兑损益计算表

科目	原币余额	月末汇率	折合本币	账面余额	差额 贷:汇兑损益	差额 借:汇兑损益
银行存款	50 000	6.38	319 000	297 000	22 000	
应收账款	250 000		1 595 000	1575 000	20 000	
应付账款	210 000		1 339 800	1339 000		800
短期借款	100 000		638 000	623 000		15 000
合计					42 000	15 800
净汇兑损益					26 200	

3. 期末会计处理如下：

借：应收账款——应收外汇账款（美国 A 公司）　　　　　20 000
　　银行存款——中国工商银行（美元户）　　　　　　　　22 000
　贷：短期借款——短期外汇借款（美元户）　　　　　　　15 000
　　　应付账款——应付外汇账款（美元户）　　　　　　　　800
　　　财务费用——汇兑损益　　　　　　　　　　　　　26 200

六、汇兑损益的会计处理

（一）外币货币性项目汇兑损益的会计处理

外币货币性项目是指企业持有的货币和将以固定或可确定金额的货币收取的资产或者偿付的负债。如现金、银行存款、应收账款、其他应收款、长期应收款、短期借款、应付账款、其他应付款、长期借款、应付债券、长期应付款等。期末结算外币货币性项目时，应以当日即期汇率折算外币货币性项目，外币货币性项目因当日即期汇率不同于该项目初始入账时或前一期期末即期汇率而产生的差额计入当期汇兑损益。

【例 3-10】 甲外贸公司属于增值税一般纳税企业，记账本位币为人民币，其外币交易采用交易日即期汇率折算。甲公司 5 月 2 日从美国乙公司购入某种工业原料 100 吨，每吨价格为 5 000 美元，当日的即期汇率为 1 美元＝6.32 元人民币。5 月 31 日，甲外贸公司尚未向乙公司支付所欠工业原料款。当日即期汇率为 1 美元＝6.26 元人民币。假设不考虑相关税费，则甲外贸公司应作会计分录如下：

（1）5 月 2 日：

借：在途物资——工业原料　　　　　　　　　　　　　3 160 000
　贷：应付账款——应付外汇账款（美国乙公司）（USD500 000×6.32）　3 160 000

（2）5 月 31 日：

借：应付账款——应付外汇账款（美国乙公司）（USD500 000×0.06）　30 000
　贷：财务费用——汇兑损益　　　　　　　　　　　　　30 000

【例3-11】 甲外贸公司的记账本位币为人民币,对外币交易采用交易日的即期汇率折算。甲外贸公司4月3日,向美国A公司出口销售1 000件,销售合同规定的销售价格为每件200美元,当日的即期汇率为1美元＝6.35元人民币。4月30日,甲外贸公司仍未收到A公司发来的销售货款。当日的即期汇率为1美元＝6.30元人民币,假定甲外贸公司6月20日收到上述货款,兑换成人民币后直接存入银行,当日银行的美元买入价为1美元＝6.32元人民币。假设不考虑相关税费,则甲外贸公司应作会计分录如下:

(1) 4月3日：

借：应收账款——应收外汇账款(A公司)(USD200 000×6.35)　　1 270 000
　　贷：主营业务收入——自营出口销售收入　　　　　　　　　　　1 270 000

(2) 4月30日：

借：财务费用——汇兑损益　　　　　　　　　　　　　　　　　　　10 000
　　贷：应收账款——应收外汇账款(A公司)(USD200 000×0.05)　　10 000

(3) 6月20日：

借：银行存款——中国工商银行(人民币户)　　　　　　　　　　　1 264 000
　　贷：应收账款——应收外汇账款(A公司)(USD200 000×6.30)　　1 260 000
　　　　财务费用——汇兑损益　　　　　　　　　　　　　　　　　　4 000

【例3-12】 甲外贸公司的记账本位币是人民币,对外币交易采用交易日即期汇率折算。甲公司6月1日,从中国银行借入1 000 000港元,期限为6个月,借入的港元暂存银行。借入当日的即期汇率为1港元＝0.806 0人民币。6个月后,甲公司按期向中国银行归还借入的1 000 000港元。归还当日即期汇率为1港元＝0.812 0元人民币。相关会计分录如下：

(1) 6月1日：

借：银行存款——中国银行(港元户)(HKD1 000 000×0.8060)　　806 000
　　贷：短期借款——中国银行(港元户)(HKD1 000 000×0.8060)　　806 000

(2) 12月1日：

借：短期借款——中国银行(港元户)(HKD1 000 000×0.806 00)　　806 000
　　财务费用——汇兑损益　　　　　　　　　　　　　　　　　　　6 000
　　贷：银行存款——中国银行(人民币户)　　　　　　　　　　　　812 000

(二) 外币非货币性项目汇兑损益的会计处理

外币非货币性项目是货币性项目以外的项目,如存货、长期股权投资、交易性金融资产(股票、基金)、固定资产、无形资产等。对于外币非货币性项目汇兑损益的会计处理有以下几种不同的情况：

第一,对于以历史成本计量的外币非货币性项目,已在交易发生日按当日即期汇率折算,资产负债表日不应改变其原记账本位币金额,不产生汇兑损益。

【例3-13】 甲外贸公司的记账本位币为人民币,对外币交易采用交易日的即期汇率折算。其与外商签订的投资合同,投资合同汇率为1美元=6.50元人民币。甲外贸公司7月1日收到外商投入资本100 000美元,当日即期汇率为1美元=6.28元人民币。则甲外贸公司收到投资的相关会计分录如下:

借:银行存款——中国银行(美元户)(USD100 000×6.28) 628 000
　　贷:实收资本——某外商 628 000

外商投入甲外贸公司的外币资本100 000美元已按当日即期汇率折算为人民币记入"实收资本"科目。实收资本属于非货币性项目,因此,期末不需要按照当日即期汇率进行调整。

第二,对于以成本与可变现净值孰低计量的存货,如果其可变现净值以外币确定,则在确定存货的期末价值时,应先将可变现净值折算为记账本位币,再与以记账本位币反映的存货成本进行比较。

【例3-14】 甲外贸公司记账本位币为人民币。11月2日从美国乙公司采购A商品10 000件,每件价格为500美元,当日即期汇率为1美元=6.35元人民币。12月31日尚有1 000件A商品未销售出去,A商品在国际市场的价格降至450美元。12月31日的即期汇率为1美元=6.30元人民币。不考虑增值税等相关税费因素。甲外贸公司应作会计分录如下:

11月2日:

借:库存商品——A商品 31 750 000
　　贷:银行存款——中国银行(美元户)(USD5 000 000×6.35) 31 750 000

12月31日:

计提存货跌价准备=1 000×500×6.35-1 000×450×6.30=340 000(元人民币)

借:资产减值损失 340 000
　　贷:存货跌价准备 340 000

第三,对于以公允价值计量的股票、基金等非货币性项目,如果期末的公允价值以外币反映,则应当先将该外币金额按照公允价值确定当日的即期汇率折算为记账本位币金额,再与原记账本位币金额进行比较,其差额作为公允值变动损益,计入当期损益。

【例3-15】 甲外贸公司的记账本位币为人民币。12月10日以每股15美元的价格购入乙公司B股10 000股作为交易性金融资产,当日即期汇率为1美元=6.40元人民币,款项已付。12月31日由于市价变动,当月购入的乙公司B股的市价变为每股8美元,当日即期汇率为1美元=6.35元人民币。次年1月15日,甲外贸公司将所购乙公司B股股票按当日市价每股12美元全部售出,按当日汇率为1美元=6.45元人民币,假定不考虑相关税费的影响,甲外贸公司应作会计分录如下:

(1)12月10日:

借:交易性金融资产——成本 960 000
　　贷:银行存款——中国银行(美元户)(USD150 000×6.40) 960 000

上述交易性金融资产在资产负债表日的人民币金额以508 000元(即8×10 000×6.35)入账,与原账面价值960 000元人民币的差额为452 000元人民币,计入公允价值变动损益。

相应的会计分录如下：

(2) 12月31日：

借：公允价值变动损益 452 000
　　贷：交易性金融资产——公允价值变动 452 000

(3) 1月15日：甲外贸公司将所购乙公司B股股票按当日市价每股12美元全部售出，所得价款为120 000美元。

借：银行存款——中国银行(美元户)(USD120 000×6.45) 774 000
　　交易性金融资产——公允价值变动 452 000
　　贷：交易性金融资产——成本 960 000
　　　　投资收益 266 000
借：投资收益 452 000
　　贷：公允价值变动损益 452 000

☞ 系统应用举例

一、外汇收入的会计处理

(一) 收汇核算

(1) 12月1日，上海永达国际贸易有限公司收到本月出口给 Milwaukee Joy Global Inc. 黄酒的外汇货款 USD10 000，当月美元记账汇率为6.120 0，请编制会计分录。

借：银行存款——中国农业银行(美元待核查账户)(USD10 000
　　　　×6.120 0) 61 200
　　贷：应收账款——应收外汇账款(Milwaukee Joy Global Inc.)
　　　　(USD10 000×6.120 0) 61 200

(2) 12月2日，上海永达国际贸易有限公司美元待核查账户的款项USD10 000.00经银行审核后，划转到外汇账户，当月美元记账汇率为6.120 0，请编制会计分录。

借：银行存款——中国农业银行(美元户)(USD10 000×6.120 0) 61 200
　　贷：银行存款——中国农业银行(美元待核查账户)(USD10 000
　　　　×6.120 0) 61 200

(二) 结汇核算

(1) 12月4日，上海永达国际贸易有限公司到银行结汇，结汇当日美元买入价为6.110 0，当月美元记账汇率为6.120 0，请编制会计分录。

借：银行存款——中国农业银行(人民币户) 61 100
　　财务费用——汇兑损益 100
　　贷：银行存款——中国农业银行(美元户)(USD10 000×6.120 0) 61 200

二、外汇支出的会计处理

在实务中，外汇支出以购汇支付为主，会计核算分为首先以人民币购买外汇，然后再以外币支付。

(一) 购汇的核算

上海永达国际贸易有限公司到银行购买外汇USD10 000,当日美元卖出价为6.310 0,当月美元记账汇率为6.320 0,请编制会计分录。

借:银行存款——中国农业银行(美元户)(USD10 000×6.320 0)　　63 200
　　财务费用——汇兑损益　　　　　　　　　　　　　　　　　　　　100
　　贷:银行存款——中国农业银行(人民币户)　　　　　　　　　　　63 100

(二) 付汇的核算

上海永达国际贸易有限公司支付进口男装的货款USD10 000,货物尚未入库。当月美元记账汇率为6.320 0,请编制会计分录。

借:在途物资——男装　　　　　　　　　　　　　　　　　　　　　63 200
　　贷:银行存款——中国农业银行(美元户)(USD10 000×6.320 0)　63 200

三、外汇借款与投入资本的核算

(一) 外汇借款的核算

(1) 1月1日,上海永达国际贸易有限公司向银行借入半年期外汇借款USD100 000,年利率2.40%。当月美元记账汇率为6.110 0,请编制会计分录。

借:银行存款——中国农业银行(美元户)(USD100 000×6.110 0)　　611 000
　　贷:短期借款——短期外汇借款(USD100 000×6.110 0)　　　　　611 000

(2) 1月3日,上海永达国际贸易有限公司用外汇借款向美国波士顿实业公司支付进口非彩色投影机的货款USD100 000。当月美元记账汇率为6.110 0,请编制会计分录。

借:在途物资——非彩色投影机(USD100 000×6.110 0)　　　　　　611 000
　　贷:银行存款——中国农业银行(美元户)(USD100 000×6.110 0)　611 000

(3) 6月26日,上海永达国际贸易有限公司计提外汇借款的半年利息USD1 200。当月美元记账汇率为6.130 0,请编制会计分录。

借:财务费用——利息支出　　　　　　　　　　　　　　　　　　　7 356
　　贷:应付利息(USD1 200×6.130 0)　　　　　　　　　　　　　　7 356

(4) 6月30日,上海永达国际贸易有限公司用创汇收入偿还外汇借款的本息USD101 200。当月美元记账汇率为6.130 0,请编制会计分录。

借:短期借款——短期外汇借款(USD100 000×6.130 0)　　　　　　613 000
　　应付利息(USD1 200×6.130 0)　　　　　　　　　　　　　　　7 356
　　贷:银行存款——中国农业银行(美元户)(USD101 200×6.130 0)　620 356

(二) 接受外汇投资的核算

7月1日,上海永达国际贸易有限公司收到美国莱特食品有限公司投资款USD100 000,投资款到账当天美元汇率为6.120 0。当月美元记账汇率为6.110 0,请编制会计分录。

借:银行存款——中国农业银行(美元户)(USD100 000×6.120 0)　　612 000
　　贷:实收资本——美国莱特食品有限公司　　　　　　　　　　　　612 000

四、外币汇兑损益及其核算

(一) 逐笔结转法的会计处理

1. 本月的经济业务会计处理

(1) 12月1日,上海永达国际贸易有限公司收到上月美国波士顿实业有限公司所欠货款USD10 000。当日美元即期汇率为6.120 0,上月销售当日美元即期汇率为6.130 0,请编制会计分录。

借:银行存款——中国农业银行(美元待核查账户)(USD10 000
　　　　　　　　　　　　　　　×6.120 0)　　　　　　　　　61 200
　　财务费用——汇兑损益　　　　　　　　　　　　　　　　　100
　贷:应收账款——应收外汇账款(美国波士顿实业有限公司)(USD10 000
　　　　　　　　　　　　　　　×6.130 0)　61 300

(2) 12月2日,上海永达国际贸易有限公司美元待核查账户的款项USD10 000经银行审核后,划转到外汇账户。当日美元即期汇率为6.130 0,存入美元待核查账户时的当日美元即期汇率为6.120 0,请编制会计分录。

借:银行存款——中国农业银行(美元户)(USD10 000×6.130 0)　　61 300
　贷:财务费用——汇兑损益　　　　　　　　　　　　　　　　　100
　　银行存款——中国农业银行(美元待核查账户)(USD10 000
　　　　　　　　　　　　　　　×6.120 0)　　　　　　　　　61 200

(3) 12月3日,上海永达国际贸易有限公司到银行结汇USD10 000,结汇当日银行美元买入价为6.120 0,美元中间价为6.130 0,请编制会计分录。

借:银行存款——中国农业银行(人民币户)　　　　　　　　　　　61 200
　　财务费用——汇兑损益　　　　　　　　　　　　　　　　　　100
　贷:银行存款——中国农业银行(美元户)(USD10 000×6.130 0)　61 300

(4) 12月4日,上海永达国际贸易有限公司出口一批调味菜给美国波士顿实业有限公司,货款USD5 000尚未收到。当日美元即期汇率为6.110 0,请编制会计分录。

借:应收账款——应收外汇账款(美国波士顿实业有限公司)(USD5 000
　　　　　　　　　　　　　　　×6.110 0) 30 550
　贷:主营业务收入——自营出口销售收入(调味菜)　　　　　　　30 550

(5) 12月4日,上海永达国际贸易有限公司支付上月所欠美国莱特食品有限公司货款USD8 000。当日美元即期汇率为6.120 0,上月向美国莱特食品有限公司购入时的美元即期汇率为6.130 0,请编制会计分录。

借:应付账款——应付外汇账款(美国莱特食品有限公司)(USD8 000
　　　　　　　　　　　　　　　×6.130 0)　49 040
　贷:财务费用——汇兑损益　　　　　　　　　　　　　　　　　80
　　银行存款——中国农业银行(美元户)(USD8 000×6.120 0)　　48 960

(6) 12月5日,上海永达国际贸易有限公司向美国莱特食品有限公司进口白糖,商品尚未入库,货款USD10 000也尚未支付。当日美元即期汇率为6.120 0,请编制会计分录。

借：在途物资——白糖　　　　　　　　　　　　　　　　　　　　　　　61 200
　　贷：应付账款——应付外汇账款(美国莱特食品有限公司)(USD10 000
　　　　　　　　　　×6.120 0)　　61 200

(7) 12月8日，上海永达国际贸易有限公司收到本月销售给美国波士顿实业有限公司的货款USD5 000。当日美元即期汇率为6.100 0，销售当日美元即期汇率为6.110 0，请编制会计分录。

借：银行存款——中国农业银行(美元待核查账户)(USD5 000×6.100 0)30 500
　　财务费用——汇兑损益　　　　　　　　　　　　　　　　　　　　　50
　　贷：应收账款——应收外汇账款(美国波士顿实业有限公司)(USD5 000
　　　　　　　　　　×6.110 0) 30 550

(8) 12月10日，上海永达国际贸易有限公司美元待核查账户的款项USD5 000经银行审核后，划转到外汇账户。当日美元即期汇率为6.120 0，存入美元待核查账户时的当日美元即期汇率为6.100 0。请编制会计分录。

借：银行存款——中国农业银行(美元户)(USD5 000×6.120 0)　　30 600
　　财务费用——汇兑损益　　　　　　　　　　　　　　　　　　　100
　　贷：银行存款——中国农业银行(美元待核查账户)(USD5 000×6.100 0)30 500

(9) 12月11日，上海永达国际贸易有限公司用外汇支付本月美国莱特食品有限公司的货款USD4 000，当日美元即期汇率为6.110 0，本月向美国莱特食品购入当日的美元即期汇率为6.120 0，请编制会计分录。

借：应付账款——应付外汇账款(美国莱特食品有限公司)(USD4 000
　　　　　　　　　　×6.120 0)　　24 480
　　财务费用——汇兑损益　　　　　　　　　　　　　　　　　　　　40
　　贷：银行存款——中国农业银行(美元户)(USD4 000×6.110 0)　24 440

2. 月末汇兑损益调整

1) 编制T形账

根据期初余额和本期经济业务的会计分录，用复币登记涉及汇兑损益的T形账，分账户确认汇兑损益，并编制复合会计分录(期末美元即期汇率为6.100 0)。

T形账如图3-1、图3-2所示。

借方				银行存款——中国农业银行(美元户)		贷方		
期初余额	USD10 000	6.12	61 200					
002	USD10 000	6.13	61 300		003	USD10 000	6.13	61 300
008	USD5 000	6.12	30 600		005	USD8 000	6.12	48 960
					009	USD4 000	6.11	24 440
本期发生额	USD15 000		91 900		本期发生额	USD22 000		134 700
期末余额	USD3 000		18 400					

图3-1　"银行存款——中国农业银行(美元户)"T形账

期末汇率折算人民币＝USD3 000×6.100 0＝18 300(元)

期末人民币差额＝18 300－18 400＝－100(元)

借方			应付账款——应付外汇账款(美国莱特食品有限公司)			贷方
			期初余额	USD8 000	6.13	49 040
005	USD8 000	6.13	49 040	006	USD10 000	6.12	61 200
009	USD4 000	6.12	24 480				
本期发生额	USD12 000		73 520	本期发生额	USD10 000		61 200
				期末余额	USD6 000		36 720

图 3-2 "应付账款——应付外汇账款(美国莱特食品有限公司)"T 形账

期末汇率折算人民币＝USD6 000×6.100 0＝36 600(元)

期末人民币差额＝36 600－36 720＝－120(元)

2) 汇兑损益调整分录

编制 T 形账后,就可根据 T 形账编制复合会计分录。

12 月 31 日,上海永达国际贸易有限公司编制汇兑损益调整分录,当日美元即期汇率为 6.100 0,请编制会计分录。

借:应付账款——应付外汇账款(美国莱特食品有限公司)　　　　120

　　财务费用——汇兑损益　　　　　　　　　　　　　　　　　20

　　贷:银行存款——中国农业银行(美元户)　　　　　　　　　　100

(二)集中结转法的会计处理

1. 本月的经济业务会计处理

(1) 12 月 1 日,上海永达国际贸易有限公司收到上月美国波士顿实业有限公司所欠货款 USD10 000。当日美元即期汇率为 6.120 0,请编制会计分录。

借:银行存款——中国农业银行(美元待核查账户)(USD10 000

　　　　　　　　×6.120 0)　　　　　　　　61 200

　　贷:应收账款——应收外汇账款(美国波士顿实业有限公司)(USD10 000

　　　　　　　　×6.120 0) 61 200

(2) 12 月 2 日,上海永达国际贸易有限公司美元待核查账户的款项 USD10 000 经银行审核后,划转到外汇账户。当日美元即期汇率为 6.130 0,请编制会计分录。

借:银行存款——中国农业银行(美元户)(USD10 000×6.130 0)　　　61 300

　　贷:银行存款——中国农业银行(美元待核查账户)(USD10 000

　　　　　　　　×6.130 0)　　　　　　　　61 300

(3) 12 月 3 日,上海永达国际贸易有限公司到银行结汇 USD10 000,结汇当日银行美元买入价为 6.120 0,美元中间价为 6.130 0,请编制会计分录。

借：银行存款——中国农业银行(人民币户)　　　　　　　　　　　　61 200
　　财务费用——汇兑损益　　　　　　　　　　　　　　　　　　　　100
　　贷：银行存款——中国农业银行(美元户)(USD10 000×6.130 0)　61 300

(4) 12月4日，上海永达国际贸易有限公司出口一批调味菜给美国波士顿实业有限公司，货款USD5 000尚未收到。当日美元即期汇率为6.110 0，请编制会计分录。

借：应收账款——应收外汇账款(美国波士顿实业有限公司)(USD5 000
　　　　　　　　　　　　　　　　　　　　　　　　　　　×6.110 0)　30 550
　　贷：主营业务收入——自营出口销售收入(调味菜)　　　　　　　30 550

(5) 12月4日，上海永达国际贸易有限公司支付上月所欠美国莱特食品有限公司货款USD8 000。当日美元即期汇率为6.120 0，请编制会计分录。

借：应付账款——应付外汇账款(美国莱特食品有限公司)(USD8 000
　　　　　　　　　　　　　　　　　　　　　　　　　　　×6.120 0)　48 960
　　贷：银行存款——中国农业银行(美元户)(USD8 000×6.120 0)　48 960

(6) 12月5日，上海永达国际贸易有限公司向美国莱特食品有限公司进口白糖，商品尚未入库，货款USD10 000也尚未支付。当日美元即期汇率为6.120 0，请编制会计分录。

借：在途物资——白糖　　　　　　　　　　　　　　　　　　　　61 200
　　贷：应付账款——应付外汇账款(美国莱特食品有限公司)(USD10 000
　　　　　　　　　　　　　　　　　　　　　　　　　　　×6.120 0)　61 200

(7) 12月8日，上海永达国际贸易有限公司收到本月销售给美国波士顿实业有限公司的货款USD5 000。当日美元即期汇率为6.100 0，请编制会计分录。

借：银行存款——中国农业银行(美元待核查账户)(USD5 000×6.100 0)30 500
　　贷：应收账款——应收外汇账款(美国波士顿实业有限公司)(USD5 000
　　　　　　　　　　　　　　　　　　　　　　　　　　　×6.100 0)　30 500

(8) 12月10日，上海永达国际贸易有限公司美元待核查账户的款项USD5 000经银行审核后，划转到外汇账户。当日美元即期汇率为6.120 0，请编制会计分录。

借：银行存款——中国农业银行(美元户)(USD5 000×6.120 0)　　30 600
　　贷：银行存款——中国农业银行(美元待核查账户)(USD5 000×6.120 0)30 600

(9) 12月11日，上海永达国际贸易有限公司用外汇支付本月美国莱特食品有限公司的货款USD4 000。当日美元即期汇率为6.110 0，请编制会计分录。

借：应付账款——应付外汇账款(美国莱特食品有限公司)(USD4 000
　　　　　　　　　　　　　　　　　　　　　　　　　　　×6.110 0)　24 440
　　贷：银行存款——中国农业银行(美元户)(USD4 000×6.110 0)　24 440

2. 月末汇兑损益调整
1) 编制T形账

根据期初余额和本期经济业务的会计分录,用复币登记涉及汇兑损益的"T形账",分账户确认汇兑损益,并编制复合会计分录(期末美元即期汇率为6.100 0)。

T形账如图3-3至图3-6所示。

借方			银行存款——中国农业银行(美元户)		贷方		
期初余额	USD10 000	6.12	61 200				
002	USD10 000	6.13	61 300	003	USD10 000	6.13	61 300
008	USD5 000	6.12	30 600	005	USD8 000	6.12	48 960
				009	USD4 000	6.11	24 440
本期发生额	USD15 000		91 900	本期发生额	USD22 000		134 700
期末余额	USD3 000		18 400				

图3-3 "银行存款——中国农业银行(美元户)"T形账

期末汇率折算人民币＝USD3 000×6.100 0＝18 300(元)

期末人民币差额＝18 300－18 400＝－100(元)

借方			银行存款——中国农业银行(美元待核查账户)		贷方		
001	USD10 000	6.12	61 200	002	USD10 000	6.13	61 300
007	USD5 000	6.10	30 500	008	USD5 000	6.12	30 600
本期发生额	USD15 000		91 700	本期发生额	USD15 000		91 900
期末余额	USD0		－200				

图3-4 "银行存款——中国农业银行(美元待核查账户)"T形账

期末汇率折算人民币＝USD0×6.100 0＝0(元)

期末人民币差额＝0－(－200)＝200(元)

借方			应收账款——应收外汇账款(波士顿实业有限公司)		贷方		
期初余额	USD10 000	6.12	61 200				
004	USD5 000	6.11	30 550	001	USD10 000	6.12	61 200
				007	USD5 000	6.10	30 500
本期发生额	USD5 000		30 550	本期发生额	USD15 000		91 700
期末余额	USD0		50				

图3-5 "应收账款——应收外汇账款(波士顿实业有限公司)"T形账

期末汇率折算人民币＝USD0.00×6.100 0＝0(元)

期末人民币差额＝0－50＝－50(元)

借方		应付账款——应付外汇账款(美国莱特食品有限公司)			贷方
			期初余额	USD8 000 6.12	48 960
005	USD8 000 6.12	48 960	006	USD10 000 6.12	61 200
009	USD4 000 6.11	24 440			
本期发生额	USD12 000	73 400	本期发生额	USD10 000	61 200
			期末余额	USD6 000	36 760

图3-6 "应付账款——应付外汇账款(美国莱特食品有限公司)"T形账

期末汇率折算人民币＝USD6 000×6.100 0＝36 600(元)
期末人民币差额＝36 600－36 760＝－160(元)

2) 汇兑损益调整分录

编制T形账后，就可根据T形账，编制复合会计分录。

12月31日，上海永达国际贸易有限公司编制汇兑损益调整分录，当日美元即期汇率为6.100 0，请编制会计分录。

借：银行存款——中国农业银行(美元待核查账户)　　　　　　　　　200
　　应付账款——应付外汇账款(美国莱特食品有限公司)　　　　　160
　　财务费用——汇兑损益　　　　　　　　　　　　　　　　　　210
　贷：银行存款——中国农业银行(美元户)　　　　　　　　　　　100
　　　应收账款——应收外汇账款(美国波士顿实业有限公司)　　　 50

本章小结

"外汇"或"外币"中所谓的"外"，是以记账本位币作为基准的。即外币是指除人民币以外的其他国家或地区的货币。从会计的角度来看，外币则是除采用的记账本位币以外的其他货币。我国《企业会计准则》规定：企业以人民币为记账本位币。业务收支以外币为主的企业，也可以选定某种外国货币作为记账本位币。外汇业务不仅指直接向银行兑换外币的交易(或称兑换)，还包括以外币计价，以后还要以外汇了结清账的进出口业务、国际借贷、投资业务等。而外币交易会计也称外汇业务会计，是指对外汇业务的会计处理，具体包括企业在收入外汇及结汇、支付外汇及购汇、使用外汇贷款和接受外汇投资过程中的会计处理。

本章就外贸行业相关的外币交易会计处理特点，结合《企业会计准则第19号——外币折算》，从几个方面阐述了相关的外币交易会计处理知识，并针对有关外币交易会计处理的基本程序与相应的会计账户设置及处理方法作出介绍。

本章还针对外贸行业的主要业务形式，对其在外汇收支的会计处理、外汇借款的会计处理、外汇投资的会计处理，以及汇兑损益的会计处理等方面，从会计理论、相关政策、核算确认、会计处理等不同的角度给予说明。

关键术语

外汇 外汇管理 直接标价法 间接标价法 汇率 买入汇率 卖出汇率 中间汇率 即期汇率 远期汇率 记账汇率 外币交易 分账制 统账制 外汇收入 外汇支出 外汇借款 外汇投资 汇兑损益 逐笔结转法 集中结转法

思考题

1. 外币的含义是什么？它与外汇在概念上有什么区别？
2. 什么是外币业务？它有哪些主要内容？
3. 什么是汇率？简述汇率的分类。
4. 什么是记账本位币？它在企业会计核算中起什么作用？
5. 什么是汇兑损益？它有哪些种类？不同的汇兑损益在会计处理上有何不同？
6. 简述外币交易的一般会计方法。

实训操作

一、外汇收入业务的管理与核算

1. 收汇程序
2. 收汇至待核查账户
3. 待核查账户转至外汇账户
4. 美元结汇
5. 港元结汇
6. 日元结汇
7. 欧元结汇

二、外汇支出业务的管理与核算

1. 购汇条件
2. 备案申请
3. 付汇程序
4. 购买美元外汇
5. 支付外汇货款
6. 购买日元外汇
7. 支付外汇货款

三、外币汇兑损益及其核算

（一）逐笔结转法

1. 逐笔结转法——收汇（收汇至待核查账户）
2. 逐笔结转法——收汇（待核查账户转至外汇账户）

3. 逐笔结转法——结汇
4. 逐笔结转法——确认出口收入
5. 逐笔结转法——支付所欠外汇货款
6. 逐笔结转法——进口原材料
7. 逐笔结转法——收汇(收汇至待核查账户)
8. 逐笔结转法——收汇(待核查账户转至外汇账户)
9. 逐笔结转法——支付外汇货款
10. 逐笔结转法——美元兑换港元
11. 逐笔结转法——编制T形账(银行存款——美元户)
12. 逐笔结转法——编制T形账(银行存款——港元户)
13. 逐笔结转法——编制汇兑损益调整分录

(二)集中结转法

1. 集中结转法——收汇(收汇至待核查账户)
2. 集中结转法——收汇(待核查账户转至外汇账户)
3. 集中结转法——结汇
4. 集中结转法——确认出口收入
5. 集中结转法——支付所欠外汇货款
6. 集中结转法——进口原材料
7. 集中结转法——收汇(收汇至待核查账户)
8. 集中结转法——收汇(待核查账户转至外汇账户)
9. 集中结转法——支付外汇货款
10. 集中结转法——计算购入港元额
11. 集中结转法——美元兑换港元
12. 集中结转法——编制T形账(银行存款——美元户)
13. 集中结转法——编制T形账(银行存款——美元待核查账户)
14. 集中结转法——编制T形账(银行存款——港元户)
15. 集中结转法——编制T形账[应付账款——应付外汇账款(Boston Wright Food Co.,Ltd.)]
16. 集中结转法——编制T形账[应收账款——应收外汇账款(Boston Industrial Co.,Ltd.)]
17. 集中结转法——编制汇兑损益调整分录

四、外汇借款及投入资本核算

1. 收到投资款
2. 外汇借款——借入时
3. 外汇借款——进口原材料
4. 外汇借款——计提利息
5. 外汇借款——归还本息

第四章 出口贸易会计

学习目的与要求

(1) 了解出口业务程序、出口业务单证管理。
(2) 了解自营出口、代理出口的概念。
(3) 熟悉出口商品的购进方式、会计核算。
(4) 掌握自营出口销售的核算方法。
(5) 掌握代理出口业务核算方法。

重点

自营出口销售的会计核算。

难点

自营出口业务索赔、理赔业务的会计核算。

导 读

中国的改革开放是当今世界上最大的创新,"一带一路"更是作为全方位对外开放的倡议,带领着国际贸易合作。然而,中国的外贸行业从凭借优越的人口红利,以低成本优势完成了跨越式发展,特别是在20世纪末电子商务蓬勃发展和虚拟经济盛行时代,中国外贸行业更是在全球引领风骚。我国外贸行业借此机遇蓬勃发展。那么出口业务程序是什么?具体出口业务会计核算又是怎样处理的?如何规范外贸企业的出口业务核算?这些问题就通过我们本章的学习来进一步了解吧。

第一节　出口贸易概述

出口贸易是指本国生产或加工的商品运往国外市场进行销售的活动。从国外输入的商品，未在本国消费，又未经本国加工而再次输出国外的行为，称为复出口。

一、出口贸易程序

出口贸易程序一般包括出口前的调研工作、组织对外成交、出口交易磋商、签订出口合同、履行出口合同、出口收汇核销和出口退税等七个环节。

（一）出口前的调研工作

外贸企业为了使出口贸易得以顺利进行，应进行调查研究，充分了解国外市场的情况，包括了解进口商所在国的自然条件、进出口贸易的规模、外贸政策、贸易管制状况、关税措施、贸易惯例、运输条件。除此之外，外贸企业还应了解进口商或消费者对我国出口商品在品质、规格、包装等方面的反映和意见。研究国外市场的供求关系和市场价格的变化情况，了解进口商的资信情况、经营范围、经营能力等也是出口前调研工作的一部分。

（二）组织对外成交

出口企业通过参加各种交易会、展览会、博览会等方式与外商取得联系，推销商品。随着互联网的发展，出口企业除了用传统的方式寻找客户、建立销售渠道外，还可以通过互联网组织对外成交。

（三）出口交易磋商

在做好出口前的准备工作和组织对外成交后，便可通过书面或口头方式对外磋商具体的出口业务。出口交易磋商的过程通常分为询盘、发盘、还盘与反还盘、接受四个环节。其中，发盘和接受是必不可少的两个基本环节。

1. 询盘

询盘又称询价，是指交易的一方要购买或出售某种商品，而向另一方发出探询买卖该种商品有关交易条件的一种表示。其内容通常包括商品的品种、规格、性能、价格条件、交货日期、付款条件等。

2. 发盘

发盘又称报价，是指发盘人向受盘人提出一定的交易条件，并愿意按照这些条件成交订约的表示。

3. 还盘与反还盘

还盘是指受盘人对发盘内容提出不同意见，或要求修改某些条件的表示；反还盘是指发盘人对还盘人再提出新的意见。一笔交易往往要经过多次的还盘与反还盘的过程才能成立。

4. 接受

接受是指受盘人在发盘的有效期内无条件地同意发盘人所提出的交易条件,愿意订立贸易合同的一种表示。

(四) 签订出口合同

外贸企业与国外进口商在磋商成功的基础上签订出口合同。出口业务是以出口业务合同为中心进行的。出口业务合同是国际上销售货物的一种最基本的书面文件,一经依法订立,即具有法律约束力,并受到法律保护和监督。进出口双方必须严格按照合同条款所规定的权利和义务及时、正确地履行各方的责任。

(五) 履行出口合同

外贸企业履行出口合同可分为以下五个环节。

1. 组织出口货源

外贸企业根据出口合同或信用证的规定准备好出口商品。在进、销、存平衡的基础上,按出口合同规定的商品种类、质量、数量、包装要求及交货期等安排生产,衔接落实货源,组织出口。货物备齐后,如需中国进出口商品检验局(以下简称商检局)检验出境的商品,则应向商检局申请检验,以取得由商检局填发的商检证书。

2. 催证或通知派船

成交不等于出口完成。外贸企业如未按时收到信用证,应及时催证,并对收到的信用证进行审查,如发现存在问题,应及时通知对方修改。审查或修改无误后,根据合同规定通知对方派船接运或租船托运。

3. 办理托运手续

外贸企业在审核信用证与合同一致、货证齐全、或接到进口商派船通知后,应备齐全套单据及时办理托运手续,同时向保险公司办理投保(由我方负责投保的),并向商检局和海关申请报验,手续备齐后,即行装船出运,以保证按时、按质、按量地履行合同。对按 CIF 价格或 CFR 价格条件成交的出口货物,应由出口方安排运输。

4. 交单收汇

外贸企业办妥出口商品装运手续,取得正本提单或运单后,应立即持全套出口收汇单证交银行审单收汇,并及时按合同规定向进口商发出装船通知和寄单手续。

5. 索赔与理赔

如进口商品未按合同规定履约,造成经济损失的,外贸企业应向进口商提出索赔;反之,进口商验收商品,发现有违反合同规定而提出索赔的,应根据其提供的合法证明,按照合同的条款,认真处理。如属供货单位责任的,外贸企业应与供货单位联系,予以解决;如不属供货单位责任范围,或不符合合同规定的索赔,应据理拒绝理赔。

(六) 出口收汇核销

出口收汇核销是指企业在货物出口后的一定期限内向当地外汇管理部门办理收汇核

销，证实该笔出口价款已经收汇或按规定使用。为了完善出口收汇核销管理，防止外汇外流，1998年6月22日国家外汇管理局颁布《出口收汇核销管理办法实施细则》，要求境内出口单位向境外出口货物均应办理出口收汇核销手续。

（七）出口退税

为了增加我国出口产品在国际市场上的竞争能力，扩大产品出口，根据国际惯例，我国实行出口退税制。出口单位申请出口退税时应向国家税务机关提供原始单据，经税务机关审核无误后才能办理出口退税。

二、出口贸易管理

（一）出口货物管理

根据2016年新修正的《中华人民共和国对外贸易法》的规定，一切从事货物进出口或者技术进出口的对外贸易经营者都应向国务院对外贸易主管部门或者其委托的机构办理备案登记。但是法律、行政法规和国务院对外贸易主管部门规定不需要备案登记的除外。同时，对于进出口的货物国家可以对其实行国营贸易管理。实行国营贸易管理货物的进出口业务只能由经授权的企业经营；但是，国家允许部分数量的国营贸易管理货物的进出口业务由非授权企业经营的除外。

根据商务部海关总署公布的《2016年出口许可证管理货物目录》对48种货物实施出口配额或出口许可证管理。

第一类属于出口配额管理的货物为：活牛（对港澳出口）、活猪（对港澳出口）、活鸡（对港澳出口）、小麦、小麦粉、玉米、玉米粉、大米、大米粉、甘草及甘草制品、蔺草及蔺草制品、滑石块（粉）、镁砂、锯材、棉花、煤炭、原油、成品油（不含润滑油、润滑脂、润滑油基础油）、锑及锑制品、锡及锡制品、白银、铟及铟制品、磷矿石。出口本款所列上述货物的，需按规定申请取得配额（全球或国别、地区配额），凭配额证明文件申领出口许可证。其中，出口甘草及甘草制品、蔺草及蔺草制品、镁砂、滑石块（粉）的，需凭配额招标中标证明文件申领出口许可证。

第二类属于出口许可证管理的货物为：活牛（对港澳以外市场）、活猪（对港澳以外市场）、活鸡（对港澳以外市场）、冰鲜牛肉、冻牛肉、冰鲜猪肉、冻猪肉、冰鲜鸡肉、冻鸡肉、矾土、稀土、焦炭、成品油（润滑油、润滑脂、润滑油基础油）、石蜡、钨及钨制品、碳化硅、消耗臭氧层物质、铂金（以加工贸易方式出口）、部分金属及制品、钼、钼制品、天然砂（含标准砂）、柠檬酸、青霉素工业盐、维生素C、硫酸二钠、氟石、摩托车（含全地形车）及其发动机和车架、汽车（包括成套散件）及其底盘等。其中，对向港、澳、台地区出口的天然砂实行出口许可证管理，对标准砂实行全球出口许可证管理。出口矾土、稀土、焦炭、钨及钨制品、碳化硅、锰、钼、柠檬酸、氟石的，凭货物出口合同申领出口许可证。消耗臭氧层物质的货样广告品需凭出口许可证出口。企业以一般贸易、加工贸易、边境贸易和捐赠贸易方式出口汽车、摩托车产品，需申领出口许可证，并符合申领许可证的条件；企业以工程承包方式出口汽车、摩托车产品，需凭中标文件等相关证明材料申领出口许可证；企业以上述贸易方式出口非原产于中国的汽车、摩托车产品，需凭进口海关单据和货物出口合同申领出口许可证；其他贸易方式出口汽车、摩托车产品免予申领出口许可证。

第三类以边境小额贸易方式出口的以招标方式分配出口配额的货物和属于出口许可证管理的消耗臭氧层物质、摩托车(含全地形车)及其发动机和车架、汽车(包括成套散件)及其底盘等货物的,需按规定申领出口许可证。以边境小额贸易方式出口属于出口配额管理的货物的,由有关地方商务主管部门(省级)根据商务部下达的边境小额贸易配额和要求签发出口许可证。以边境小额贸易方式出口本款上述以外的列入《2016年出口许可证管理货物目录》的货物,免于申领出口许可证。

第四类铈及铈合金(颗粒$<500~\mu m$)、锆、铍、钨及钨合金(颗粒$<500~\mu m$)的出口免于申领出口许可证,但需按规定申领两用物项和技术出口许可证。

第五类我国政府对外援助项下提供的目录内货物不纳入出口配额和出口许可证管理。同时对玉米、大米、煤炭、原油、成品油、棉花、锑及锑制品、钨及钨制品、白银等货物实行出口国营贸易管理。对于润滑油(27101991)、润滑脂(27101992)和润滑油基础油(27101993)实行出口许可证管理。企业凭货物出口合同申领出口许可证,海关凭出口许可证验放。

(二) 出口贸易单证管理

出口业务单证涉及出口业务的全过程,加强对出口业务单证的管理,是提高会计核算工作质量的重要手段。就出口方而言,出口业务单证不仅是履行出口合同的重要手段,也是出口收汇的重要依据,发生纠纷又常常是处理争议的依据。因此,出口业务单证必须做到正确、完整、整洁、及时,否则就会严重影响安全、及时地收汇。

出口业务单证的重要性还在于它是办理出口退税的重要依据。《出口货物退(免)税管理办法》规定,办理出口退税必须提供的凭证,除购买出口货物的增值税专用发票(税款抵扣联)或消费税的专用发票外,还必须提供盖有海关验讫章的出口货物报关单(出口退税联)、出口收汇核销单以及出口货物销售明细账。这就要求财会部门必须加强对出口业务单证的审核及管理,以及对出口销售金额、国外运输费、保险费、佣金等支出的核算,以免影响及时、正确地办理出口退税。

1. 出口单证

合同、装箱单、外销商业发票、出口货物报关单、提货单、细码单、出口许可证、原产地证书、出口商品检验检查证书、出口收汇核销单、增值税专用发票、专用缴款书等。

2. 报关单证

出口货物报关单、外销商业发票、装箱单、出口收汇核销单、出口许可证(副本)、出口商品检验证书、纺织品出口证明申请书等。

3. 清关单证

出口许可证(正本)、提货单、外销商业发票、装箱单、细码单、原产地证书等。

三、出口业务种类

自加入世界贸易组织以来,我国对外贸易体制不断改革完善,出口贸易企业的发展呈多元化发展趋势。这些外贸企业性质不同,行业不同,规模也不一样,但是根据出口货物的性质,可以把出口业务种类统一划分为贸易出口、加工补偿出口、援外出口、来料加工出口等。贸易出口又划分为自营出口销售、代理出口,本章节只介绍这两种类型的业务。

第二节 出口商品购进的会计处理

一、出口商品购进业务概述

出口商品购进是指外贸企业根据国际市场的相关信息,为了出口、内销或加工后出口而取得国内商品所有权的交易行为。出口商品的购进按照收购方式不同,可分为直接购进和间接收购两种。

(一) 直接购进

直接购进是指外贸企业与生产单位和有关部门通过签订购销合同,直接购进所需商品。

(二) 间接收购

间接收购也称委托代购,是指外贸企业以支付一定手续费的形式委托其他接近货源的企业代为收购出口商品。它是进出口企业收购农副土特产品的一种主要形式。这是因为农副土特产品的货源分散在各地农村,而且数量零星,不便于进出口企业直接收购。

二、出口商品购进业务的会计处理

(一) 商品购进成本的构成

企业在销售商品时,国家需要征收增值税,增值税属于价外税,不包括在商品货款之中。因此,在购进商品时,一般应该以购进原价(即增值税专用发票中的货价)和进货费用作为购进商品的成本。

(二) 购进商品科目设置

外贸企业在进行出口商品收购业务的会计核算时,应设置"在途物资""库存商品""应交税费——应交增值税(进项税额)"等主要科目。

1. "在途物资"科目

"在途物资"科目是企业用来核算记录购入尚在途中或虽已运达但尚未验收入库的材料采购成本,其成本一般按照实际成本(或进价)入账。借方表示购进的但尚未运达或尚未验收入库的材料或商品,贷方表示运达并验收入库的材料或商品,余额表示尚无运达或尚未验收入库的材料或商品。

2. "库存商品"科目

"库存商品"科目用来核算企业库存商品(包括出口和内销的国产商品及进口商品)增减

变动情况的。借方表示可供出售的材料或商品数量,贷方表示出售的材料或商品数量,余额表示期末剩余的可供出售的材料或商品数量。

3. "应交税费——应交增值税(进项税额)"科目

"应交税费——应交增值税(进项税额)"科目用来核算企业购入货物或接受应税劳务而支付的并准予从销项税额中抵扣的增值税税额(制造业增值税税率按13%执行,交通运输、建筑、基础电信服务等行业及农产品等货物的增值税税率按9%执行)。

(三)出口商品购进业务的会计处理

1. 结算凭证与购进商品同时到达

购进商品的入账时间应以取得出口商品所有权或支配权为准。在结算凭证与购进商品同时到达时,入账时间就可以按照结算凭证时间入账。此种情况下,外贸企业应该根据相关的发票及其他有关单据,借记"库存商品"科目、"应交税费——应交增值税(进项税额)"科目,贷记"银行存款""应付账款""应付票据"等科目。

【例4-1】 甲外贸公司于5月2日购进一批服装用于出口,该批服装价格为每件200元,一共购进1000件,增值税税率为13%,该批服装货款已经以支票形式付清,且已验收入库。则作会计分录如下:

借:库存商品——服装 200 000
　　应交税费——应交增值税(进项税额) 26 000
　贷:银行存款——中国工商银行 226 000

【例4-2】 甲外贸公司于5月3日从一个农户手中购进一批核桃用于出口,该批核桃价格为每千克250元,一共1000千克,则甲外贸公司应作会计分录如下:

(1)该批核桃货款以现金形式付清,且已验收入库。

借:库存商品——核桃 250 000
　贷:库存现金 250 000

(2)如果企业将该批核桃用于内销,则采购时可按9%抵扣进项税:

借:库存商品——核桃 225 000
　　应交税费——应交增值税(进项税额) 20 250
　贷:库存现金 245 250

说明:企业直接收购或委托代购的农副产品,以收购原价加收购税金作为采购成本。企业从农业生产者手中购买的自产农副产品,免征增值税。但是按国家规定,购进免征农副产品如果内销时准予抵扣进项税,抵扣额按买价和9%的扣除率计算。

2. 结算凭证先到,购进商品后到

在结算凭证先到,购进商品后到的情况下,以收到结算凭证或开出承兑汇票的时间为购进商品的入账时间。如果企业先支付货款,则外贸企业应根据相关的发票及其他凭证,借记"在途物资(材料采购)""应交税费——应交增值税(进项税额)"科目,贷记"银行存款""应付账款""应付票据"等科目,待日后购进商品到达并验收入库时,则借记"库存商品"科目,贷记"在途物资(材料采购)"科目。

【例 4-3】甲外贸公司于 5 月 2 日购进一批服装用于出口,该批服装价格为每件 200 元,一共购进 1 000 件,增值税税率为 13%,该批服装货款已经以支票形式付清。在 5 月 3 日发票已到达甲外贸公司,但是该批服装未到,则作会计分录如下:

借:在途物资——服装 200 000
　　应交税费——应交增值税(进项税额) 26 000
　贷:银行存款——中国工商银行 226 000

待商品到达时:

借:库存商品——库存出口商品 200 000
　贷:在途物资——出口商品采购 200 000

3. 购进商品先到,结算凭证后到

如果是购进商品先到,而结算凭证未到的情况,则先暂不入账,待结算凭证收到并付款时,再进行入账。如果已入库的购进商品的结算凭证在月末仍未收到,则先按暂估的价格登记入账,下月月初用红字冲销,待收到结算凭证时,再做会计处理。

【例 4-4】甲外贸公司 5 月 27 日从金达公司购入一批服装用于出口销售。服装单价为每套 190 元,一共购进 1 500 套,增值税税率为 13%。该批服装于 30 日到达甲外贸公司,但是购买该批服装的发票在 6 月 15 日才收到,同时支付该批商品货款。该批服装的暂估价为 300 000 元。应作会计分录如下:

5 月 31 日,按暂估的 300 000 元入账:

借:库存商品——服装 300 000
　贷:应付账款——暂估应付款(金达) 300 000

6 月 1 日,用红字冲销原暂估入账价值:

借:库存商品——服装 300 000
　贷:应付账款——暂估应付款(金达) 300 000

6 月 15 日,收到发票和支付货款单据时:

借:库存商品——服装 285 000
　　应交税费——应交增值税(进项税额) 37 050
　贷:银行存款——中国工商银行 322 050

4. 购进商品采购费用的会计处理

出口企业在购进商品时,除了商品的价格和税以外,通常还会发生运输费、装卸费、保险费等,这些费用都可以记入商品的采购成本中。

【例 4-5】甲外贸公司于 5 月 2 日购进一批服装用于出口,该批服装的运杂费共计 1 000 元,以现金形式结算,则应作会计分录如下:

借:库存商品——服装 1 000
　贷:库存现金 1 000

5. 购进商品溢余及短缺的会计处理

企业在购进商品时，由于各种原因可能会造成购进的商品实际收到的数量与签订合同时应收到的数量不一致的情况。这时，出口企业应该按照实际收到的商品数量进行验收入库，将溢余或短缺的数量暂时记入"待处理财产损溢"科目，等查明原因后，进行处理。

原因及处理方式如下：

（1）运输途中发生的，则应向运输部门索赔。

（2）供货方少发或多发造成的，则应向供货单位索赔。

（3）自然灾害所造成的，则应将其作为营业外支出处理，同时转出进项税额。

（4）人为原因造成的，如果能确认责任人的，则作为其他应收款处理。不能确认责任人的，则作为管理费用，但都需要作进项税额的转出。

（5）自然损耗的，则调整相关产品的入库数量即可。

【例4-6】甲外贸公司从金达公司购入一批服装用于出口销售。服装单价为每套190元，一共购进1 500套，增值税税率为13%。甲外贸公司作会计分录如下：

（1）验收入库时发现多出10件，原因待查：

借：库存商品——服装　　　　　　　　　　　　　　　　　　　　　　1 900
　　贷：待处理财产损溢——待处理流动资产损溢　　　　　　　　　　1 900

（2）经核查多余的10件衣服是由于供应商多发货原因造成，并退回给供应商：

借：待处理财产损溢——待处理流动资产损溢　　　　　　　　　　　　1 900
　　贷：库存商品——服装　　　　　　　　　　　　　　　　　　　　1 900

（3）如果验收入库发现该批服装少了10件，原因待查：

借：待处理财产损溢——待处理流动资产损溢　　　　　　　　　　　　1 900
　　贷：库存商品——服装　　　　　　　　　　　　　　　　　　　　1 900

（4）经过核查，发现少了10件是由于管理员王源管理不善造成的：

借：其他应收款——王源　　　　　　　　　　　　　　　　　　　　　2 204
　　贷：待处理财产损溢——待处理流动资产损溢　　　　　　　　　　1 900
　　　　应交税费——应交增值税（进项税额转出）　　　　　　　　　304

6. 购进商品退、补价的会计处理

有时在购进货物时，由于供应商的原因发票单价开错或其他原因造成货款错误的，导致购货方商品在账上记录的货款需要调整。在这种情况下，一般由供应商开具红字发票冲减多付的货款，开具蓝字发票补上少付的货款。

【例4-7】5月9日，甲外贸公司收到外地供应商金达公司寄来的一张红字发票和情况说明书，说明由于该公司的疏忽，把销售给甲外贸公司的一批服装的单价搞错了，同时收到了退回的货款共计5 650元（含税价）。甲外贸公司作会计分录如下：

借：银行存款——中国工商银行　　　　　　　　　　　　　　　　　　5 650
　　应交税费——应交增值税（进项税额）　　　　　　　　　　　　　650
　　贷：库存商品——服装　　　　　　　　　　　　　　　　　　　　5 000

【例4-8】 5月9日,甲外贸公司收到其供应商宏远公司寄来的一张蓝字发票,其原因是因为由于对方疏忽造成货款有误,现需要甲外贸公司补交差价货款7 910元(含税)。应作会计分录如下:

借:库存商品——服装　　　　　　　　　　　　　　　　　7 000
　　应交税费——应交增值税(进项税额)　　　　　　　　　 910
　　贷:银行存款——中国工商银行　　　　　　　　　　　　7 910

7. 购进商品拒付和拒收的会计处理

在双方进行交易时,有时会发生购进的商品与合同或协议签订的品种、规格、花色、质量、数量、价格等不一致,这时购货方可以拒付货款或者拒收商品。具体的会计处理方式同商品流通企业采购商品的拒付和拒收方式一致。

8. 购进商品退回、调换、折扣和折让的会计处理

供应商在销售商品时,通常会采用赊销的方式,但是为了降低坏账风险,提早收回应收账款,供应商往往会给客户一个现金折扣。

企业购入商品验收入库时,有时会发现其质量或者批次等和合同不一致,这时可以与供应商进行协商,经过双方协商,可以予以调换或退回。有时,供应商为了减少退货率,会因为商品的规格、质量等原因,给出一些价格上的折让。

以上这些情况的处理都和商品流通企业在处理折扣、折让、销售退回和调换的会计处理方式相同。同时,在实务中,外贸企业一般按照签订的购销合同,不再把所购买的商品运到该企业,而直接从供应商企业发货出口销售。

第三节　自营出口销售的会计处理

自营出口销售是指外贸企业自主经营商品或货物的出口,并自负出口销售盈亏的国际贸易行为。自营出口销售收入归出口企业所有,出口商品进价和出口业务有关的国内外一切费用,包含佣金、索赔、理赔、罚款等均由出口企业自己负担。出口企业在一般贸易项下的出口包括直接出口、转口出口、托售出口、进料加工后出口、出售样展品小卖品的出口以及批准应境内销售收取以外汇计价的商品经营业务,这些从广义上都可以认为是自营出口。

一、自营出口销售收入概述

(一) 自营出口销售收入的确认时间

自营出口销售收入的确认时间,应以商品装运出口、取得各种运输单证(陆运取得铁路运单或联运提单、海运取得出口已装船提单、空运取得航空运单)并向银行交单的时间为准。实际工作时,财务部门会以收到储运部门或业务部门交来的出口销售发票和实际出口通知

单上所列示的时间作为销售收入入账时间。

（二）自营出口销售收入的确认标准

自营出口成交所选用的国际贸易术语不同，价格条件中所包含的权利、义务也不相同，因此，不能单纯地以发票价格作为确认收入的标准。按照国际惯例，出口销售收入统一以FOB价格作为确认销售收入的标准。在实际工作中，可采用以出口发票所列的外币总金额按向银行交单日的汇率折合人民币金额入账；对实际支付的国外运费、保险费、佣金等国外费用，按支付日的外汇牌价折合人民币金额以红字冲销销售收入。

二、自营出口销售的科目设置

出口企业在自营出口时一般需要设立"主营业务收入——自营出口销售收入""主营业务成本——自营出口销售成本""其他应收款——应收出口退税""应收账款——应收外汇账款""发出商品"等科目。

（一）"主营业务收入——自营出口销售收入"科目

"主营业务收入——自营出口销售收入"科目用来核算出口企业的销售收入，该科目的借方记录的是在月末或者年末实现的销售收入净额转入"本年利润"科目的贷方金额，其贷方记录的是本期实现的销售收入，以及红字冲销的本期销售退回、国外费用、出口理赔等。"主营业务收入——自营出口销售收入"科目期末结转后无余额。

（二）"主营业务成本——自营出口销售成本"科目

"主营业务成本——自营出口销售成本"科目是用来核算出口企业的销售成本。其借方记录结转的销售成本，本期发生的销售退回，红字冲销销售退回当月结转的销售成本，贷方记录的是本期销售总成本结转到"本年利润"科目借方的金额，结转后该账户也无余额。

（三）"其他应收款——应收出口退税"科目

"其他应收款——应收出口退税"科目是用来核算向税务机关办理出口退税手续但尚未收到的应收出口退税结算情况。该账户的借方记录的是出口企业申报出口退税时按照规定的税率计算的应收出口退税款，贷方记录的是收到的出口退税款，期末借方余额代表已申报，尚未收到退税款。

（四）"应收账款——应收外汇账款"账户

"应收账款——应收外汇账款"账户是出口企业用来核算商品已经出口并向银行交单或托收的应收外汇账款。该账户的借方记录的是商品已出口并向银行交单后应确认的账款，贷方记录的是收回应收外汇账款，期末借方余额表示尚未收回的应收外汇账款。

（五）"发出商品"账户

"发出商品"账户是出口企业用来核算商品销售不满足收入确认条件但已发出商品的实

际成本。该账户的借方记录的是不满足收入确认条件,按照发出商品实际成本登记的商品金额,贷方记录的是满足收入确认条件结转到"主营业务成本"账户的金额。

三、自营出口销售业务的会计处理

(一) 自营出口销售收入的确认和收款

出口企业通常是在出口交单时,按照出口发票金额全额确认销售收入的。一般来讲,出口企业的相关部门根据双方签订的合同和信用证的规定,开具出库单,由仓储部门根据出库单向运输单位办理托运手续,然后将出库单传递给财务部门,财务部门根据单据进行会计处理。

【例4-9】甲外贸公司与欧洲BigTree公司协商并签订了出口贸易合同,采用信用证结算。出口该公司一批服装共计15 000件,每件成本400元,甲外贸公司作会计分录如下:

(1) 6月18日,收到仓储部门传递过来的出库单:

借:发出商品——服装　　　　　　　　　　　　　　　　6 000 000
　　贷:库存商品——服装　　　　　　　　　　　　　　　6 000 000

(2) 6月25日,向银行交单确认出口销售收入,共计货款1 150 000美元,当日即期汇率为1美元=6.50元人民币:

借:应收账款——应收外汇账款(BigTree)(USD1 150 000×6.50)　7 475 000
　　贷:主营业务收入——自营出口销售收入　　　　　　7 475 000

(3) 7月3日,收到银行收汇通知,将1 150 000美元确认收汇,当日即期汇率为1美元=6.58元人民币。

借:银行存款——中国银行(美元户)(USD1 150 000×6.58)　7 567 000
　　贷:财务费用——汇兑损益　　　　　　　　　　　　　92 000
　　　　应收账款——应收外汇账款(BigTree)(USD1 150 000×6.50)　7 475 000

当然,出口企业在委托银行代理向进口方索取款项时,也会使用不同的结算方式。

(1) 以汇款结算方式汇入账款时,应作会计分录如下:

借:银行存款
　　贷:预收外汇款(预收部分货款)
　　　　应收账款——应收外汇款(结清尾款)

(2) 以托收D/A(承兑交单)方式承兑时(原始凭证为银行通知单),应作会计分录如下:

借:应收票据——应收外汇票据
　　贷:应收账款——应收外汇账款

当托收到期时(原始凭证为收账通知),则作会计分录如下:

借:银行存款——××银行(人民币户或外币户)
　　财务费用——汇兑损益
　　贷:应收票据——应收外汇票据

(3) 以托收 D/P(付款交单)结算方式时,应作会计分录如下:

借:银行存款
　　财务费用——汇兑损益
　贷:应收账款——应收外汇账款

(4) 以远期信用证结算时,则应该在承兑时(原始凭证为银行通知),作会计分录如下:

借:应收票据——应收外汇票据
　贷:应收账款——应收外汇账款

在信用证到期时(原始凭证为结汇水单、收账通知单),则作会计分录如下:

借:银行存款
　　财务费用——汇兑损益
　贷:应收账款——应收外汇账款

(二) 自营出口销售成本的结转

出口企业应在实现商品销售收入的同时进行出口商品销售成本的结转。

【例 4-10】 甲外贸公司与欧洲 BigTree 公司协商并签订了出口贸易合同,采用信用证结算。该公司出口一批服装共计 15 000 件,每件成本 400 元,在 6 月 25 日确认销售收入时,结转销售成本,甲外贸公司作会计分录如下:

借:主营业务成本——自营出口销售成本　　　　　　　　　　　6 000 000
　贷:发出商品——服装　　　　　　　　　　　　　　　　　　6 000 000

(三) 自营出口佣金的确认和支付

1. 佣金的定义及分类

佣金是指在合同或者价格条件中规定的付给中间商的推销报酬。按其支付方式不同,佣金分为明佣、暗佣和累计佣金。明佣又称发票内佣金,是指在贸易价格条件中规定,并在出口发票中列明的佣金,也称发票内佣金。暗佣又称发票外佣金,是指在出口合同中订有佣金内容,但在国际贸易术语和出口发票上均未列明的佣金。累计佣金是指出口商与国外包销商、代理商签订协议,规定在一定时期内按累计销售金额和相应的佣金率定期支付的佣金。

在实际情况中,一般都是出口商品方支付佣金,进口商品方取得佣金。通常在计算佣金时按照成交金额的百分比进行计算,以发票总金额作为计算佣金的基数,无论采用哪种国际贸易术语,都按发票金额乘以佣金率计算佣金,有时也可以佣金按照 FOB 价格计算。

2. 佣金的支付方式

(1) 票扣方式。它是指直接在发票上扣除佣金金额的支付方式。在信用证上规定有扣除佣金的字样。

(2) 汇付方式。它是指由出口商品方收到全额货款后再向中间商支付佣金的支付方式。这种方式也是目前最常使用的一种佣金支付方式。

(3) 议付方式。它是指在信用证议付时扣除佣金的支付方式。

一般来讲，明佣多采用票扣的方式支付佣金，而暗佣多采用汇付和议扣的方式支付佣金。

3. 佣金的会计处理

1) 明佣

采用明佣支付方式，出口商在销售发票上不但列明销售金额，还要列明佣金率、佣金和扣除佣金后的净额。企业在向银行办理交单收汇时，不再另行支付佣金。根据发票列明的销售净额，借记"应收账款——应收外汇账款"科目，根据销售金额，贷记"主营业务收入——自营出口销售收入"科目，根据列明的佣金金额冲销"主营业务收入——自营出口销售收入"科目。

【例4-11】 6月28日，甲外贸公司出口一批服装给欧洲BigTree公司，共计货款1 150 000美元，采用明佣方式，按成交价计算，发票上列明的佣金率为2‰，佣金为23 000美元，当日汇率为1美元＝6.53元人民币，并于6月30日向银行办理交单收汇，当日汇率为1美元＝6.55元人民币。甲外贸公司作会计分录如下：

(1) 6月28日，收到业务部门转来的销售发票副本和银行回单，确认销售：

借：应收账款——应收外汇账款(BigTree)(USD1 127 000×6.53)　　7 359 310
　　贷：主营业务收入——自营出口销售收入　　　　　　　　　　7 509 500
　　　　　　　　　　　——自营出口销售收入　　　　　　　　　　150 190

(2) 6月30日，收到银行收汇通知，1 127 000美元已收汇：

借：银行存款——中国银行(美元户)(USD1 127 000×6.55)　　　7 381 850
　　贷：应收账款——应收外汇账款(BigTree)(USD1 127 000×6.53)　7 359 310
　　　　财务费用——汇兑损益　　　　　　　　　　　　　　　　　22 540

2) 暗佣

暗佣的账务处理分为汇付支付方式和议付支付方式两种情况。

汇付支付方式是指出口企业在收到销售货款总额后，再将佣金汇付给国外中间商。出口企业在向银行办理交单收汇时，应根据发票上列明的销售金额收取货款，同时借记"应收账款——应收外汇账款"科目，贷记"主营业务收入——自营出口销售收入"科目。同时根据交易合同的规定计提佣金，借记"主营业务收入——自营出口销售收入(佣金)"科目，贷记"应付账款——应付外汇账款"科目。在收到货款时，支付佣金，借记"应付账款——应付外汇账款"科目，贷记"银行存款"科目。此外，暗佣也可以使用议付方式支付。议付方式支付是出口企业在出口商品后向银行议付信用证时，由银行从货款总额中扣留佣金并支付给国外中间商的佣金支付方式。

【例4-12】 6月28日，甲外贸公司出口一批服装给欧洲BigTree公司，共计货款1 150 000美元，采用暗佣汇付方式，佣金为23 000美元，当日汇率为1美元＝6.53元人民币。7月3日，甲外贸公司收到货款，当日汇率为1美元＝6.58元人民币。分汇付佣金和议付佣金，作会计分录如下：

(1) 采用汇付佣金：

① 6月28日,确认收入:

借:应收账款——应收外汇账款(USD1 150 000×6.53)　　　　　7 509 500
　　贷:主营业务收入——自营出口销售收入(USD1 150 000×6.53)　7 509 500

② 6月30日,计提佣金,当日汇率为1美元=6.53元人民币:

借:主营业务收入——自营出口销售收入(佣金)　　　　　　　　150 190
　　贷:应付账款——应付外汇账款(BigTree)(USD23 000×6.53)　　150 190

③ 7月3日,收到货款:

借:银行存款——中国银行(美元户)(USD1 150 000×6.58)　　　7 567 000
　　贷:财务费用——汇兑损益　　　　　　　　　　　　　　　　 57 500
　　　　应收账款——应收外汇账款(BigTree)(USD1 150 000×6.53)　7 509 500

同时,支付佣金时:

借:应付账款——应付外汇账款(BigTree)(USD23 000×6.53)　　150 190
　　财务费用——汇兑损益　　　　　　　　　　　　　　　　　　1 150
　　贷:银行存款——中国银行(美元户)(USD23 000×6.58)　　　　151 340

(2) 采用议付佣金:

① 6月30日,计提佣金,当日汇率为1美元=6.53元人民币:

借:主营业务收入——自营出口销售收入(佣金)　　　　　　　　150 190
　　贷:应付账款——应付外汇账款(BigTree)(USD23 000×6.53)　　150 190

② 7月3日,收到货款:

借:银行存款——中国银行(美元户)(USD1 127 000×6.58)　　　7 415 660
　　应付账款——应付外汇账款(BigTree)(USD23 000×6.58)　　　151 340
　　贷:应收账款——应收外汇账款(BigTree)(USD1 150 000×6.53)　7 509 500
　　　　财务费用——汇兑损益　　　　　　　　　　　　　　　　57 500

3) 累计佣金

在对累计佣金进行会计处理时,对能认定到具体出口商品的累计佣金,其会计处理方式和其他佣金一致,借记"主营业务收入——自营出口销售收入"科目,贷记"应付账款——应付外汇账款"科目。但是对无法认定到具体出口商品的累计佣金,可作"销售费用"科目下的"累计佣金"明细科目处理。借记"销售费用"科目,贷记"银行存款"科目即可。

(四) 自营出口销售国内费用的支付

自营出口销售过程中,国内发生的费用在实际支付时全部作为当期的销售费用处理。一般国内费用包括包装费、检验费、国内运费等,借记"销售费用"科目,贷记"银行存款"科目。

【例4-13】 6月20日,甲外贸公司签发一张转账支票支付运输公司将该批服装运送到港口的运费2 000元。则会计分录如下:

借：销售费用——运费	2 000	
贷：银行存款——中国工商银行		2 000

(五) 国外运费和保险费的支付

在计算国外运费和保险费前，我们需要先对出口企业的不同的价格条件有所了解。我国为了使出口销售收入的记账口径一致，出口商品销售收入的入账金额一般都以离岸价(FOB)为基础。

(1) 国外运费是指国际贸易价格条件所规定的，应由出口商支付并负担的、从装船到目的港的运输费用。它是当出口商品装运出口后，出口企业收到运输公司提供的运费单据，同时核对外销发票号、运费金额、运费等级、计费重量、计费币种等内容，经审核无误后，予以支付。

(2) 保险费是指企业为转移商品在运输途中的风险，并在遭受损失时能得到必要的补偿，向保险公司投保并负担支付的费用。

由于我国自营出口销售收入按离岸价(FOB)计价，因此出口企业负担的国外运费和保险费应冲减"主营业务收入——自营出口销售收入"科目。

【例 4-14】 甲外贸公司出口一批服装给欧洲 BigTree 公司，在支付国外运费和保险费时，应作会计分录如下：

(1) 6 月 7 日，收到境外运输公司一张运输发票，金额为 2 000 美元，经核对无误后支付给运输方。当日汇率为 1 美元＝6.50 元人民币：

借：主营业务收入——自营出口销售收入	13 000	
贷：银行存款——中国银行(美元户)(USD2 000×6.50)		13 000

(2) 6 月 8 日，甲出口企业为出口的该批服装向保险公司进行了投保，投保金额为出口商品发票金额的 2%，共 1 500 美元，同时签发支票支付该笔费用给保险公司，当日汇率为 1 美元＝6.47 元人民币：

借：主营业务收入——自营出口销售收入	9 705	
贷：银行存款——中国银行(美元户)(USD1 500×6.47)		9 705

(六) 预估境外费用

为了正确核算当期损益，符合权责发生制，出口企业应当在每期结算时，预估计提本期应该承担但尚未支付的国外运费、保险费和佣金。借记"主营业务收入——自营出口销售收入"科目，贷记"应付账款——应付外汇账款"科目，实际支付时，借记"应付账款——应付外汇账款"科目，贷记"银行存款"科目，有汇兑损益的借记或贷记"财务费用——汇兑损益"科目。

【例 4-15】 甲外贸公司在 6 月份出口了一批服装给欧洲 BigTree 公司，但是国外运费及保险费尚未支付。则甲外贸公司作会计分录如下：

(1) 6 月 30 日，预估该批服装的运费及保险费分别为 1 900 美元和 1 600 美元，当日汇率为 1 美元＝6.46 元人民币：

借：主营业务收入——自营出口销售收入（运费）　　　　　　　　12 274
　　　　　　　　——自营出口销售收入（保险费）　　　　　　　10 336
　　贷：应付账款——应付外汇账款（BigTree）（USD3 500×6.46）　22 610

（2）7月5日，甲公司支付了该笔费用，当日汇率为1美元＝6.48元人民币：

借：应付账款——应付外汇账款（BigTree）（USD3 500×6.46）　　22 610
　　财务费用——汇兑损益　　　　　　　　　　　　　　　　　　　70
　　贷：银行存款——中国银行（美元户）（USD3 500×6.48）　　　22 680

（七）自营出口销售的其他会计核算

1. 销售退回

出口商品销售后，可能会因为一些原因造成国外的进口商退货。遇到这种情况时，需要立即与进口商协商，根据退货原因进行相应的会计处理。

（1）接到退货通知时，财务部门需要和相关部门核对单据，由仓储部门办理接货、验收、入库等手续，财务部门根据相关退货单据借记"主营业务收入——自营出口销售收入"科目，贷记"应收账款——应收外汇账款"科目，如果货款已经收回，则应该贷记"应付账款——应付外汇账款"科目，同时结转成本，借记"发出商品"科目，贷记"主营业务成本——自营销售成本"科目，待商品退回验收入库后，通过银行将货款支付给进口商，借记"应付账款——应付外汇账款"科目，贷记"银行存款"科目。

（2）在退回商品时，若之前以明佣方式支付佣金，则贷记"主营业务收入——自营出口销售收入"科目，同时贷记"应收账款——应收外汇账款"科目；若之前以暗佣方式支付佣金，则应借记"应收账款——应收外汇账款"科目，贷记"主营业务收入——自营出口销售收入——佣金"科目。

（3）销售商品退回时还会发生退回商品的国内运费、国外运费及保险费用，这些费用全部先记入"待处理财产损溢"科目，借记"待处理财产损溢"科目，贷记"银行存款"科目，同时在销售这批退回商品时发生的国内外运费及保险费也应予以转回，借记"待处理财产损溢"科目，贷记"销售费用""主营业务收入——自营出口销售收入（运费）""主营业务收入——自营出口销售收入（保险费）"科目，待查明销售退回原因后，将所有在"待处理财产损溢"科目归集的费用，按照责任划分进行分摊，属于责任单位的应转入"其他应收款"科目，如无明确责任单位，属于管理不善的则应该转入"营业外支出"科目。

（4）企业在收到退货商品后，应将结转的成本转回，借记"库存商品"科目，贷记"发出商品"科目。

【例4-16】甲外贸公司出口给欧洲BigTree公司一批服装，价值10 000美元，采用明佣支付佣金，佣金率为2%，该批服装的成本为40 000元人民币，国内运费为2 000元人民币，已通过转账支票支付。发生的国外运费和保险费分别为1 000美元和200美元，当日汇率为1美元＝6.42元人民币。甲外贸公司应作会计分录如下：

（1）6月6日，甲出口企业收到出口商品退回提单和原发票复印件，经询问是因为服装规格不符合规定，当日汇率为1美元＝6.42元人民币：

借：主营业务收入——自营出口销售收入（USD10 000×6.42）　　　64 200
　　贷：主营业务收入——自营出口销售收入（佣金）（USD200×6.42）　1 284
　　　　应收账款——应收外汇账款（BigTree）（USD9 800×6.42）　62 916

同时，冲减成本：

借：发出商品——服装　　　　　　　　　　　　　　　　　　　40 000
　　贷：主营业务成本——自营出口销售成本　　　　　　　　　　　40 000

冲减商品出口时发生的所有费用：

借：待处理财产损溢——待处理流动资产损溢　　　　　　　　　　9 704
　　贷：销售费用——运费　　　　　　　　　　　　　　　　　　　2 000
　　　　主营业务收入——自营出口销售收入（运费）　　　　　　　　6 420
　　　　　　　　　　——自营出口销售收入（保险费）　　　　　　　1 284

（2）6月10日，支付该批服装退回的国外运费1 100美元，保险费210美元，国内运杂费1 600元人民币，当日汇率为1美元＝6.42元人民币：

借：待处理财产损溢——待处理流动资产损溢　　　　　　　　　　10 010.2
　　贷：银行存款——中国银行（美元户）（USD1310×6.42）　　　　8 410.2
　　　　　　　　——中国工商银行　　　　　　　　　　　　　　　1 600.0

（3）6月20日，收到该批退货的服装，经检验已入库：

借：库存商品——服装　　　　　　　　　　　　　　　　　　　　40 000
　　贷：发出商品——服装　　　　　　　　　　　　　　　　　　　40 000

（4）6月25日，经过仔细检查，原因为供货单位金达公司的服装不合格，与其协商后，对方愿意承担责任并赔偿：

借：其他应收款——金达　　　　　　　　　　　　　　　　　　　19 714.2
　　贷：待处理财产损溢——待处理流动资产损溢　　　　　　　　　19 714.2

2. 索赔与理赔

索赔与理赔是一个问题的两个方面。如果是遭受损失的一方就应该是发出索赔，造成对方受损失的一方就应该是理赔。

1）索赔

如果因国外进口商违反合同规定，造成出口企业遭受损失时，出口企业就应该向国外进口商提出索赔，经协商对方同意赔偿时，则应借记"应收账款——应收外汇账款（索赔）"科目，贷记"营业外收入"科目，当实际收到赔款时，借记"银行存款"科目，贷记"应收账款——应收外汇账款（索赔）"科目。

【例4-17】 6月3日，甲外贸公司出口给欧洲BigTree公司一批服装共100件，每件成本为400元，销售价为10 000美元。6月7日发现由于进口商没有按照合同规定及时付款赎单,造成甲出口企业损失,经双方协商,国外进口商 BigTree 愿意支付 500 美元的赔偿金,当日汇率为 1 美元=6.39 元人民币。甲公司应作会计分录如下:

借:应收账款——应收外汇账款(BigTree 索赔)(USD500×6.39)　　　3 195
　　贷:营业外收入——出口索赔款　　　　　　　　　　　　　　　　　　3 195

2) 理赔

如果由于出口企业不按合同规定造成进口商损失时,进口商会向出口企业提出索赔,那么出口企业就需要进行理赔。当出口企业与进口商进行协商确认理赔时,应借记"待处理财产损溢"科目,贷记"应付账款——应付外汇账款"科目。同时待查明原因后,将"待处理财产损溢"科目的金额转出。一般理赔原因如下:

(1) 如果是因为出口企业管理不善,造成的损失,应该将"待处理财产损溢"科目金额转入"营业外支出"科目。

(2) 如果经调查,属于供应商原因的,需要求其赔偿,经过协商同意赔偿时,则应将"待处理财产损溢"科目转入"其他应收款"科目。

(3) 如果经调查,属于少发商品,但商品仍在出口企业仓库时,则应按照销货退货处理,同时按照对方要求的索赔的金额,借记"主营业务收入——自营出口销售收入"科目,贷记"待处理财产损溢"科目,并根据少发的商品成本金额,借记"库存商品"科目,贷记"主营业务成本——自营出口销售成本"科目。

(4) 如果是少发商品不在出口企业仓库,是由于供货商少发造成时,则应向供货方追回少发商品货款,借记"应收账款——供货商"科目,贷记"待处理财产损溢"科目。

(5) 如果属于我方错发错运造成的,应根据不同情况进行处理。第一,如果双方同意调换商品,则无论是部分调换还是全部调换,应先冲减原已确认的收入和成本,并对应由出口企业承担的费用作出相应处理。如果调换的是品种数量且成本相同的商品,在退回入库及调换商品发运时,也可以简化处理。对退回的商品作入库处理,对调换发运的商品作出库处理,不对出口销售进行调换。但对运回及补发商品所发生的境内外费用,其处理方法与境外销货退回支付境外费用处理相同。第二,如双方同意不再调换商品,以退补差价方式处理,根据有关进出库凭证,除作调整库存分录外,还应根据更改的出口发票调整销售收入。即根据错发商品与应发商品成本或售价的差额相应增加或冲减外销收入,结转或转销外销成本。

【例 4-18】 6 月 3 日,甲外贸公司出口给欧洲 BigTree 公司一批服装共 100 件,每件成本为 400 元人民币,销售价为 10 000 美元。6 月 8 日接到欧洲 BigTree 公司的电话,对方提出接到的服装与合同规定的数量不符,短缺 15 件,要求出口企业赔偿 1 500 美元,经调查,确实属于我方责任,甲外贸公司同意理赔,并将款项立即汇出,当日汇率为 1 美元=6.45 元人民币。应作会计分录如下:

(1) 6 月 8 日,确认理赔:

借:待处理财产损溢——待处理流动资产损溢　　　　　　　　　　　　9 675
　　贷:银行存款——中国银行(美元户)(USD1 500×6.45)　　　　　　　9 675

(2) 如果甲外贸公司可以向保险公司提出索赔:

借：应收账款——应收外汇账款(保险公司)(USD1 500×6.45) 9 675
  贷：待处理财产损溢——待处理流动资产损溢 9 675

(3) 如果经过调查，短缺服装属于仓储部门少发，该产品仍在出口企业仓库，少发商品的成本为6 000元人民币：

借：主营业务收入——自营出口销售收入 9 675
  贷：待处理财产损溢——待处理流动资产损溢 9 675

借：库存商品——服装 6 000
  贷：主营业务成本——自营出口 6 000

(4) 如果经过调查，短缺服装属于供应商金达公司少发造成的，应要求其赔偿，同时要回少发服装的货款：

借：其他应收款——金达 9 675
  贷：待处理财产损溢——待处理流动资产损溢 9 675

借：银行存款——中国工商银行 6 000
  贷：库存商品——服装 6 000

【例4-19】 6月10日，甲外贸公司接到进口商欧洲BigTree公司来电，表明接到的服装与合同不符，经过调查发现把B型服装错当A型服装发出，A型服装的成本为40 000元，销售金额为10 000美元，B型服装的成本为43 000元人民币，销售金额为10 955美元，其中补发服装，和退回服装共发生国内运费4 000元人民币，国外运费及保险费1 600美元，当日汇率为1美元＝6.47元人民币。甲外贸公司应作会计分录如下：

(1) 经过双方协商，进口商同意退回B型服装，调换成A型服装重新发货：

借：发出商品——A型服装 40 000
  贷：库存商品——A型服装 40 000

借：应收账款——应收外汇账款(BigTree)(USD6.47×10 000) 64 700
  贷：主营业务收入——自营出口销售收入(USD6.47×10 000) 64 700

借：主营业务成本——自营出口销售成本 40 000
  贷：发出商品——A型服装 40 000

这里的B型服装退回和补发时发生的一切费用均参考销售退回处理即可。

(2) 若经过协商，欧洲BigTree公司不再进行调换货物，而是同意以退补差价方式处理：

借：主营业务收入——自营出口销售收入(A型服装) 64 700.00
  应收账款——应收外汇账款(BigTree) 6 178.85
  贷：主营业务收入——自营出口销售收入(B型服装) 70 878.85

借：库存商品——A型服装 40 000
  主营业务成本——自营出口销售成本 3 000
  贷：库存商品——B型服装 43 000

第四节　代理出口业务的会计处理

一、代理出口销售概述

代理出口销售是指有进出口经营许可权的外贸企业接受国内委托单位的委托,办理对外销售、托运、交单和结汇等全过程的出口销售业务。

(一)代理的法律内涵

在我国《民法通则》第63条中规定,代理是指代理人在代理权限内以被代理人的名义进行民事行为,并且直接由被代理人对此行为承担民事责任的行为。

然而在国际贸易中,代理是指代理人按照委托人的授权,在代理权限内代表委托人本人实施某种法律行为。一般多指跨国的商事代理,即在外国销售时,委托当地企业代理。但是有的国家也有国内机构代理国外销售的,比如日本的某些商社。通常是委托人向代理人支付代理费用,承担经营风险,而代理人则代表委托人推销商品与购买方洽谈交易,由委托人自行签订合同或由代理人以委托人的名义代表委托人签订合同,一般这种代理有独家代理、一般代理和总代理之分。

(二)代理原则

出口企业经营代理出口业务时应遵循不垫付出口商品资金、不承担基本费用、不负担盈亏责任等原则。其中,在代理出口业务中所发生的佣金、海外运费、保险费等一切费用由委托企业承担。在代理出口业务中发生的理赔、索赔责任、出口经营盈亏等也都由委托企业负责。

受托企业按出口销货发票的金额及规定的手续费率收取一定比例的代理出口手续费,在会计上按照中介地位出发,对进出口双方分别用应收账款、应付账款入账,表现了代收代付的性质。对于委托方来说,由委托方提供出口货源,负担一切境内外基本费用,承担出口销售盈亏,支付代理出口手续费。

(三)代理协议

为了划分双方责任,明确权利和义务,出口企业办理代理出口业务前,应与委托方事先签订代理出口协议,明确规定代理出口的商品、有关费用的负担、代理手续费率、外汇划拨、索赔处理、账务核对,以及双方其他有关责任。

(四)责任划分

出口企业在代理出口销售业务前,为划清委托方与受托方责任,双方应当先签订代理出口合同或者协议来规定受托方和委托方的权利与义务,同时就销售的商品、代理范围、商品交接、保管运输、费用负担、货款结算方式、手续费率、外汇划拨、索赔处理等相关业务内容作出详细的规定。对于代理出口商品使用的凭证均应加盖"代理业务"戳记,以便于识别。

(五) 代理费

受托企业应按照出口协议规定的代理手续费率及出口发票的金额,向委托方收取一定比例的手续费,作为办理代理出口业务的收益。除了代理费,受托企业还可能会收取手续费,或者支付介绍人酬金等。

(六) 国内费用

代理业务在国内发生的费用,无论是直接费用还是间接费用都由委托方承担,受托方只收取代理费用,不承担任何其他费用。

二、代理出口业务类型

目前,我国代理出口业务基本上有两种形式。

(一) 视同买断方式

视同买断方式是指由委托方和受托方签订协议,委托方按协议价收取所代销商品的货款,实际售价(出口价)可由受托方自定,实际售价与协议价之间的差额归受托方所有的一种代理出口方式。受托方销售的委托代销商品收入的确认及会计处理与自营出口销售方式下销售收入的确认及会计处理一致。

(二) 收取手续费方式

收取手续费方式是指受托方根据所代销商品数量向委托方收取手续费的销售方式。在这种代理方式下,委托方应在受托方将商品销售后,向受托方开具代销清单,同时确认收入。受托方在商品销售后,按应收取的手续费确认收入。

三、代理出口业务的会计核算

代理出口企业在会计核算时,应主要设置的科目有:"应收账款——应收外汇账款""应付账款""主营业务收入——代理销售收入""银行存款"等。在这里需要特别指出的是代理出口业务与自营出口销售在会计处理上大有不同。特别是在收入确认上,只有能增加企业权益的收入才能确认为企业的收入,在代理出口业务中,收到的货款只是代收,不能增加企业的权益,而收取的代理费才是增加代理企业权益应确认的收入,在这一点上一定要明确区分。

(一) 代理出口商品收发的会计核算

在现代企业实务中,出口企业在进行代理出口时,作为一家服务型企业,一般不再需要把所代理出口的商品运到该企业,而是直接从委托企业直接发运港口,商品发出后,取得全套出口单据,受托代理出口企业直接可以进行交单结汇。

(二) 代理出口商品销售收入确认的会计核算

出口企业在办理商品装运出口后,在信用证规定日期内,将全套出口单证按照合同规定的结算方式向银行办理交单手续。在取得银行回单后,委托方据此确认销售收入(因为是代理出口业务,销售的商品收入应为委托单位的销售收入)。代理出口企业,主要反映的是同国外客户和国内委托方之间的货款结算业务,因此,应通过"应收账款""应付账款"科目进行核算,借记"应收账款——应收外汇账款"科目,贷记"应付账款"科目。

(三) 支付国内外费用的会计核算

代理出口企业在支付国内外费用时,特别是直接费用应为代垫费用。因为这部分费用应由委托单位承担,所以发生垫付费用时,应根据相关单据和银行购汇水单支付,借记"应付账款"科目,贷记"银行存款"科目。

(四) 代理出口业务收汇的会计核算

代理出口企业在进行销售收汇时,先根据"谁出口谁收汇,谁进口谁付汇"的原则,一般由代理企业办理结汇,然后再跟国内的委托单位进行结算,同时确认代理费收入。受托代理企业在收到银行转来的货款时,借记"银行存款"科目,贷记"应收账款——应收外汇账款"科目。按照合同金额和开具的代理手续费票据,借记"应付账款"科目,贷记"主营业务收入——代理销售收入"或"其他业务收入"科目,"应交税费——应交增值税(销项税额)"科目,实际支付委托代销商品的销售款时,应借记"应付账款"科目,贷记"银行存款"科目等。

(五) 应用举例

【例 4-20】 大昌公司委托甲外贸公司出口一批服装,甲外贸公司把该批服装销售给了欧洲 BigTree 公司。

(1) 6月10日,收到相关部门转过来的代理销售该批服装出口交单的相关单据,单据上所列示的资料为,数量1 000件,销售金额为90 000美元,采用明佣形式支付佣金,佣金率为2%,当日汇率为1美元=6.48元人民币。应作会计分录如下:

借:应收账款——应收外汇账款(BigTree)(USD88 200×6.48)　　571 536
　　贷:应付账款——大昌　　571 536

(2) 6月18日,收到国内一家运输公司寄来的运输单据上显示国内运费1 000元,经过核对,当即签发了转账支票进行支付。应作会计分录如下:

借:应付账款——大昌　　1 000
　　贷:银行存款——中国工商银行　　1 000

(3) 6月20日,收到了国外运输公司承担国外运费的单据和保险费单据,分别为900美元和200美元,经过核对无误后,委托银行进行支付。当日汇率为1美元=6.48元人民币。应作会计分录如下:

借：应付账款——大昌		7 128
贷：银行存款——中国银行(美元户)(USD1 100×6.48)		7 128

(4) 6月25日，银行收妥款项，送来现汇收账通知，同时向银行办理结汇。当日的即期汇率为1美元=6.40元人民币，汇兑损益由委托方大昌公司承担。应作会计分录如下：

借：银行存款——中国银行(美元户)(USD88 200×6.40)	564 480
应付账款——大昌	7 056
贷：应收账款——应收外汇账款(BigTree)(USD88 200×6.48)	571 536
借：银行存款——中国工商银行	564 480
贷：银行存款——中国银行(美元户)(USD88 200×6.40)	564 480

(5) 6月25日，甲外贸公司按照合同规定的代理业务2%收取代理费，共计1 800美元，当日的即期汇率为1美元=6.40元人民币。应作会计分录如下：

借：应付账款——大昌	11 520.00
贷：主营业务收入——代理销售业务收入	10 867.92
应交税费——应交增值税(销项税额)	652.08

(6) 6月25日，甲外贸公司将扣除代理费及代垫费用后的货款余额转付给委托单位大昌公司。应作会计分录如下：

借：应付账款——大昌	544 832
贷：银行存款——中国工商银行	544 832

☞ 系统应用举例

一、出口商品购进的核算

（一）出口商品购进中一般业务的核算

1. 本地购进的核算

(1) 10月1日，上海永达国际贸易有限公司从上海宏远服装厂购进上衣一批，不含税金额为100 000元，增值税税率为13%，货已验收入库，款项已转账支付。请编制会计分录。

借：库存商品——上衣	100 000
应交税费——应交增值税(进项税额)	13 000
贷：银行存款——中国农业银行(人民币户)	113 000

(2) 10月2日，上海永达国际贸易有限公司从上海郊区农民手中收购红枣1 000千克，买价共计8 000元，以现金支付，货已入库，该批红枣将用于出口业务。请编制会计分录。

借：库存商品——红枣	8 000
贷：库存现金	8 000

(3) 10月5日，上海永达国际贸易有限公司从上海郊区农民手中收购红枣2 000千克，买价共计16 000元，以现金支付，货已入库，该批红枣将用于内销业务。请编制会计分录。

借：库存商品——红枣		14 679
应交税费——应交增值税(进项税额)		1 321
贷：库存现金		16 000

(4) 10月8日,上海永达国际贸易有限公司从鸿源化妆品有限公司购入1 000瓶面霜准备出口,购入每瓶100元(含消费税),增值税税率为13%,货已验收入库,款项已转账支付。请编制会计分录。

借：库存商品——面霜	100 000
应交税费——应交增值税(进项税额)	13 000
贷：银行存款——中国农业银行(人民币户)	113 000

2. 外地购进的核算

1) 结算凭证和商品同时到达

10月11日,上海永达国际贸易有限公司从北京洪福服装有限公司购进一批西服,收到增值税专用发票,不含税金额100 000元,增值税税率为13%,货已验收入库,款项已转账支付。请编制会计分录。

借：库存商品——西服	100 000
应交税费——应交增值税(进项税额)	13 000
贷：银行存款——中国农业银行(人民币户)	113 000

2) 结算凭证先到,商品未到

(1) 10月17日,上海永达国际贸易有限公司从北京洪福服装有限公司购进一批西服,收到增值税专用发票,不含税金额100 000元,增值税税率为13%。合同约定验单付款,结算凭证已收到,商品尚未到达,款项已转账支付。请编制会计分录。

借：在途物资——西服	100 000
应交税费——应交增值税(进项税额)	13 000
贷：银行存款——中国农业银行(人民币户)	113 000

(2) 10月18日,上海永达国际贸易有限公司收到北京洪福服装有限公司发来的西服,并验收入库。请编制会计分录。

借：库存商品——西服	100 000
贷：在途物资——西服	100 000

3) 商品先到,结算凭证未到

(1) 10月30日,上海永达国际贸易有限公司从北京洪福服装有限公司购进一批西服。合同约定验单付款,现商品已验收入库,结算凭证月末尚未收到,款项尚未支付。按合同价不含税总金额100 000元暂估入账,请编制会计分录。

借：库存商品——西服	100 000
贷：应付账款——暂估应付款	100 000

(2) 11月2日,上海永达国际贸易有限公司收到上月暂估入账的增值税专用发票,发票

不含税金额 100 000 元,增值税税率为 13%。合同约定验单付款,结算凭证已收到,款项电汇支付。请编制会计分录。

借:库存商品——西服　　　　　　　　　　　　　　　　　100 000
　　贷:应付账款——暂估应付款　　　　　　　　　　　　　　100 000
借:库存商品——西服　　　　　　　　　　　　　　　　　100 000
　　应交税费——应交增值税(进项税额)　　　　　　　　　　13 000
　　贷:银行存款——中国农业银行(人民币户)　　　　　　　113 000

(二)出口商品购进中其他业务的核算

1. 购进商品采购费用的处理

11 月 3 日,上海永达国际贸易有限公司转账支付从上海宏远服装厂购进上衣的运输费 1 100 元(价税合计),增值税税率为 9%,所购进的服装全部用于出口,请编制会计分录。

借:库存商品——上衣　　　　　　　　　　　　　　　　　1 100
　　贷:银行存款——中国农业银行(人民币户)　　　　　　　1 100

2. 购进商品发生溢余或短缺的处理

1) 购进商品发生短缺的账务处理

(1) 11 月 4 日,上海永达国际贸易有限公司验收入库时,发现大豆短缺 1 吨,不含税金额 1 740 元,待查明原因。请编制会计分录。

借:待处理财产损溢——待处理流动资产损溢　　　　　　　1 740
　　贷:库存商品——大豆　　　　　　　　　　　　　　　　1740

(2) 11 月 6 日,上海永达国际贸易有限公司经查明,0.5 吨大豆短缺是由于鸿运运输公司原因造成的,0.5 吨大豆为定额内自然损耗。0.5 吨大豆的不含税金额为 870 元,增值税税率为 9%。请编制会计分录。

借:其他应收款——鸿运运输公司　　　　　　　　　　　　949.3
　　库存商品——大豆　　　　　　　　　　　　　　　　　870.0
　　贷:待处理财产损溢——待处理流动资产损溢　　　　　　1 740.0
　　　　应交税费——应交增值税(进项税额转出)　　　　　　79.3

2) 购进商品发生溢余的账务处理

(1) 11 月 7 日,上海永达国际贸易有限公司从广州动感服装厂购入一批衣服,验收入库时,发现多出 100 件,多出部分不含税金额为 3 000 元,待查明原因。请编制会计分录。

借:库存商品——衣服　　　　　　　　　　　　　　　　　3 000
　　贷:待处理财产损溢——待处理流动资产损溢　　　　　　3 000

(2) 11 月 8 日,经查明,上海永达国际贸易有限公司溢余的 100 件衣服为广州动感服装厂发货多发,经过协商,将多发衣服退还给广州动感服装厂。100 件衣服不含税金额为 3 000 元。请编制会计分录。

借:待处理财产损溢——待处理流动资产损溢　　　　　　　3 000
　　贷:库存商品——衣服　　　　　　　　　　　　　　　　3 000

3. 购进商品退、补价的处理
1) 购进商品退价的账务处理
11月9日,上海永达国际贸易有限公司向上海牙膏厂购入一批牙膏后,由于单价错误,收到上海牙膏厂开来的红字更正发票,并收到退回款项2 320元(含税金额)。请编制会计分录。

借:银行存款——中国农业银行(人民币户) 2 260
　　应交税费——应交增值税(进项税额) 260
　　贷:库存商品——牙膏 2 000

2) 购进商品补价的账务处理
11月9日,上海永达国际贸易有限公司向上海牙膏厂购入一批牙膏后,由于单价错误,收到上海牙膏厂开来的蓝字更正发票。上海永达国际贸易有限公司通过转账补交货款2 320元。请编制会计分录。

借:库存商品——牙膏 2 000
　　应交税费——应交增值税(进项税额) 260
　　贷:银行存款——中国农业银行(人民币户) 2 260

4. 拒付货款和拒收商品的处理
1) 单到货未到
11月10日,上海永达国际贸易有限公司向广州宏河服装有限公司购进上衣12 000元(不含税金额)。收到托收凭证,发现有2 000元上衣的型号与合同规定不符,该部分拒绝承付,相符的10 000元上衣已承付,货尚未到达。请编制会计分录。

借:在途物资——上衣 10 000
　　应交税费——应交增值税(进项税额) 1 300
　　贷:银行存款——中国农业银行(人民币户) 11 300

2) 货到单未到
(1) 11月20日,上海永达国际贸易有限公司向广州宏河服装有限公司通过转账预付购进上衣的款项10 000元。请编制会计分录。

借:预付账款——广州宏河服装有限公司 10 000
　　贷:银行存款——中国农业银行(人民币户) 10 000

(2) 11月21日,上海永达国际贸易有限公司在验收上衣时,发现上衣型号与合同不符,当即予以拒收。请编制会计分录。

借:应收账款——广州宏河服装有限公司 10 000
　　贷:预付账款——广州宏河服装有限公司 10 000

5. 购进商品退回和调换的处理
1) 购货退回的账务处理
(1) 11月25日,上海永达国际贸易有限公司向广州宏河服装有限公司购进上衣10 000元(不含税金额),税率13%,款已付。经拆包检验,发现上衣质量不符合合同规定,当即退回给广州宏河服装有限公司。请编制会计分录。

借：应收账款——广州宏河服装有限公司　　　　　　　　　　11 300
　　应交税费——应交增值税(进项税额)　　　　　　　　　　1 300
　　贷：库存商品——上衣　　　　　　　　　　　　　　　　　　　　10 000

(2) 11月26日，上海永达国际贸易有限公司收到退货款项11 600元。请编制会计分录。

借：银行存款——中国农业银行(人民币户)　　　　　　　　　11 600
　　贷：应收账款——广州宏河服装有限公司　　　　　　　　　　　11 600

2) 购货调换的账务处理

11月27日，上海永达国际贸易有限公司向广州宏河服装有限公司购进上衣10 000元(不含税金额)，税率13%，款已付。经拆包检验，发现上衣质量不符合合同规定，经过协商，供应商调换了一批合格商品，并验收入库。请编制会计分录。

借：库存商品——上衣　　　　　　　　　　　　　　　　　　　10 000
　　贷：库存商品——上衣(不合格商品)　　　　　　　　　　　　　10 000

6. 购货折扣和购货折让的处理

1) 购货折扣的核算

(1) 12月10日，上海永达国际贸易有限公司向广州宏河服装有限公司购进上衣10 000元(不含税金额)，税率13%，上衣已验收入库，款项未支付。请编制会计分录。

借：库存商品——上衣　　　　　　　　　　　　　　　　　　　10 000
　　应交税费——应交增值税(进项税额)　　　　　　　　　　1 300
　　贷：应付账款——广州宏河服装有限公司　　　　　　　　　　　11 300

(2) 12月20日，上海永达国际贸易有限公司支付了该笔货款，请编制会计分录。(厂方给予的付款条件为：10天内付清货款，购货折扣为1%，超过10天支付的为全价)

借：应付账款——广州宏河服装有限公司　　　　　　　　　　11 600
　　贷：银行存款——中国农业银行(人民币户)　　　　　　　　　　11 584
　　　　财务费用——折扣　　　　　　　　　　　　　　　　　　　　116

2) 购货折让的核算

(1) 12月2日，上海永达国际贸易有限公司对上月验收入库的电视机拆包检验，发现存在质量问题，经过协商，电视机厂同意给予10%的购货折让。1月20日，收到电视机厂开具的红字发票，不含税金额200 000元，税率13%，请编制会计分录。

借：库存商品——电视机　　　　　　　　　　　　　　　　　　200 000
　　应交税费——应交增值税(进项税额)　　　　　　　　　　26 000
　　贷：应付账款——电视机厂　　　　　　　　　　　　　　　　　　226 000

(2) 12月2日,上海永达国际贸易有限公司收到电视机厂开具的销售折让发票,不含税金额180 000元,税率13%,请编制会计分录。

借：库存商品——电视机 180 000
　　应交税费——应交增值税(进项税额) 23 400
　贷：应付账款——电视机厂 203 400

二、自营出口销售的核算

(一) 自营出口销售业务的核算

1. 货物托运及出口

1) 出库待运

11月1日,上海永达国际贸易有限公司以L/C方式向美国麦哈姆公司出口一批黄酒USD100 000。会计收到储运部门开具的出库凭证,该批黄酒购入金额为450 000元人民币,请编制会计分录。

借：发出商品——黄酒 450 000
　贷：库存商品——黄酒 450 000

2) 出口交单

(1) 11月2日,上海永达国际贸易有限公司以L/C方式向美国麦哈姆公司出口一批黄酒USD100 000。会计收到出口发票,当月美元记账汇率为6.120 0。请编制会计分录。

借：应收账款——应收外汇账款(美国麦哈姆公司)(USD100 000
　　　　　　　×6.120 0) 612 000
　贷：主营业务收入——自营出口销售收入(黄酒) 612 000

(2) 11月2日,上海永达国际贸易有限公司结转出口黄酒销售成本450 000元人民币。请编制会计分录。

借：主营业务成本——自营出口销售成本(黄酒) 450 000
　贷：发出商品——黄酒 450 000

3) 收到货款

(1) 11月2日,上海永达国际贸易有限公司收到本月出口给美国麦哈姆公司黄酒的外汇货款USD100 000,当月美元记账汇率为6.120 0,请编制会计分录。

借：银行存款——中国农业银行(美元待核查账户)(USD100 000
　　　　　　　×6.120 0) 612 000
　贷：应收账款——应收外汇账款(美国麦哈姆公司)(USD100 000
　　　　　　　×6.120 0) 612 000

(2) 11月3日,上海永达国际贸易有限公司美元待核查账户的款项USD100 000经银行审核后,划转到外汇账户,当月美元记账汇率为6.120 0,请编制会计分录。

借：银行存款——中国农业银行(美元户)(USD100 000×6.120 0) 612 000
　贷：银行存款——中国农业银行(美元待核查账户)(USD100 000
　　　　　　　×6.120 0) 612 000

(3) 11月4日,上海永达国际贸易有限公司到银行结汇 USD100 000,结汇当日美元买入价为6.110 0,当月美元记账汇率为6.120 0,请编制会计分录。

借:银行存款——中国农业银行(人民币户) 611 000
　　财务费用——汇兑损益 1 000
　贷:银行存款——中国农业银行(美元户)(USD100 000×6.120 0) 612 000

2. 支付佣金

1) 明佣

11月3日,上海永达国际贸易有限公司向美国黑旗公司出口一批衣服 USD100 000,佣金为明佣,佣金率为4%。当月美元记账汇率为6.120 0。请编制会计分录。

$$佣金 = USD100\ 000 \times 4\% = USD4\ 000$$
$$应收账款 = USD100\ 000 - USD4\ 000 = USD96\ 000$$

借:应收账款——应收外汇账款(美国黑旗公司)(USD96 000×6.120 0) 587 520
　贷:主营业务收入——自营出口销售收入(衣服) 587 520

2) 暗佣

(1) 议付佣金。

11月3日,上海永达国际贸易有限公司向美国黑旗公司出口一批衣服 USD100 000,中间商为美国纽曼公司,佣金为暗佣的议付佣金,佣金率为4%。当月美元记账汇率为6.120 0。请编制会计分录。

　贷:主营业务收入——自营出口销售收入(衣服) 24 480
　　应付账款——应付外汇账款(美国纽曼公司)(USD4 000×6.120 0) 24 480

11月3日,上海永达国际贸易有限公司收到出口给美国黑旗公司的衣服款项 USD96 000。中间商为美国纽曼公司,佣金为暗佣的议付佣金,佣金率为4%。当月美元记账汇率为6.120 0。请编制会计分录。

借:银行存款——中国农业银行(美元待核查账户)(USD96 000
　　　　　　　　×6.120 0) 587 520
　　应付账款——应付外汇账款(美国纽曼公司)(USD4 000×6.120 0) 24 480
　贷:应收账款——应收外汇账款(美国黑旗公司)(USD100 000
　　　　　　　　×6.120 0) 612 000

(2) 汇付佣金。

11月3日,上海永达国际贸易有限公司收到出口给美国黑旗公司的衣服款项 USD100 000。中间商为美国纽曼公司,佣金为暗佣的汇付佣金,佣金率为4%。当月美元记账汇率为6.120 0。请编制会计分录。

借:银行存款——中国农业银行(美元待核查账户)(USD100 000
　　　　　　　　×6.120 0) 612 000
　贷:应收账款——应收外汇账款(美国黑旗公司)(USD100 000
　　　　　　　　×6.120 0) 612 000

11月3日,上海永达国际贸易有限公司计提中间商美国纽曼公司的佣金 USD4 000。出口给美国黑旗公司的衣服款项 USD100 000,佣金为暗佣的汇付佣金,佣金率为 4%。当月美元记账汇率为 6.120 0。请编制会计分录。

  贷:主营业务收入——自营出口销售收入(衣服)   24 480
    应付账款——应付外汇账款(美国纽曼公司)(USD4 000×6.120 0) 24 480

11月4日,上海永达国际贸易有限公司向中间商美国纽曼公司支付佣金 USD4 000,出口给美国黑旗公司的衣服款项 USD100 000,佣金为暗佣的汇付佣金,佣金率为 4%。当月美元记账汇率为 6.120 0。请编制会计分录。

  借:应付账款——应付外汇账款(美国纽曼公司)(USD4 000×6.120 0) 24 480
    贷:银行存款——中国农业银行(美元户)(USD4 000×6.120 0) 24 480

(3) 累计佣金

11月1日,上海永达国际贸易有限公司收到中间商美国宏大公司的对账单,需支付累计佣金 USD1 000,货款尚未支付。当月美元记账汇率为 6.120 0。请编制会计分录。

  借:销售费用——佣金   6 120
    贷:应付账款——应付外汇账款(美国宏大公司)(USD1 000×6.120 0) 6 120

3. 支付国内费用

11月3日,上海永达国际贸易有限公司向美国黑旗公司出口一批衣服,发生国内运费 2 000 元人民币,款项已转账支付。请编制会计分录。

  借:销售费用——运费   2 000
    贷:银行存款——中国农业银行(人民币户)   2 000

4. 支付国外费用

国外费用主要包括海外运输费和海外保险费。

1) 海外运输费

11月9日,上海永达国际贸易有限公司支付出口衣服的海外运费 4 000 元人民币,请编制会计分录。

  贷:主营业务收入——自营出口销售收入(衣服)   4 000
    银行存款——中国农业银行(人民币户)   4 000

2) 海外保险费

11月9日,上海永达国际贸易有限公司支付出口衣服的海外保险费 USD1 000,当月美元记账汇率为 6.120 0。请编制会计分录。

  贷:主营业务收入——自营出口销售收入(衣服)   6 120
    银行存款——中国农业银行(美元户)(USD1 000×6.120 0) 6 120

5. 支付出口商品关税

11月10日,上海永达国际贸易有限公司出口铝丝一批,离岸价格为 USD100 000,出口关税税率为 20%。当月美元记账汇率为 6.120 0。请编制会计分录。

借：税金及附加　　　　　　　　　　　　　　　　　　　　　　　　102 000
　　贷：应交税费——应交出口关税　　　　　　　　　　　　　　　　102 000

6. 预估国外费用

(1) 2月31日,上海永达国际贸易有限公司有应付未付的衣服的海外运费6 120元人民币和保险费USD2 000,公司决定预估入账,当月美元记账汇率为6.120 0。请编制会计分录。

　　贷：主营业务收入——自营出口销售收入(衣服)　　　　　　　　18 360
　　　　应付账款——预估境外运费　　　　　　　　　　　　　　　　6 120
　　　　　　　　——应付外汇账款(预估境外保险费)(USD2 000×6.120 0)12 240

(2) 3月2日,上海永达国际贸易有限公司支付衣服的海外运费6 120元人民币和保险费USD2 000,当月美元记账汇率为6.130 0。请编制会计分录。

先冲销原会计分录：

　　贷：主营业务收入——自营出口销售收入(衣服)　　　　　　　　18 360
　　　　应付账款——预估境外运费　　　　　　　　　　　　　　　　6 120
　　　　　　　　——应付外汇账款(预估境外保险费)(USD2 000
　　　　　　　　　　×6.120 0)　　　　　　　　　　　　　　　　12 240

然后作支付的会计分录：

　　贷：主营业务收入——自营出口销售收入(衣服)　　　　　　　　18 380
　　　　银行存款——中国农业银行(人民币户)　　　　　　　　　　6 120
　　　　　　　　——中国农业银行(美元户)(USD2 000×6.130 0)　　12 260

如果预估费用跨年度时,则在下一年度实际支付运保费时,将原预估数与实际支付数之间的差额列入"以前年度损益调整"科目。会计分录如下：

借：应付账款——应付外汇账款(预估境外保险费)
　　以前年度损益调整
　　贷：银行存款——中国农业银行(美元户)

(二) 自营出口销售其他业务的核算

1. 出口销售退回

1) 冲减销售收入

11月3日,上海永达国际贸易有限公司冲减退回上月销售给美国黑旗公司上衣的销售收入USD100 000,当月美元记账汇率为6.120 0。请编制会计分录。

借：应收账款——应收外汇账款(美国黑旗公司)(USD100 000
　　　　　　　　×6.120 0)　　　　　　　　　　　　　　　　612 000
　　贷：主营业务收入——自营出口销售收入(上衣)　　　　　　　612 000

2) 冲减销售成本

11月3日,上海永达国际贸易有限公司冲减退回上月销售给美国黑旗公司上衣的销售成本 400 000 元人民币。请编制会计分录。

  借：主营业务成本——自营出口销售成本（上衣）   400 000
    贷：库存商品——上衣   400 000

 3）结转销售时的海外运费
  11月3日，上海永达国际贸易有限公司与美国黑旗公司协商后，承担出口退货的责任，结转原出口销售上衣时的海外运费4 000元人民币。请编制会计分录。

  借：销售费用——出口退货费用   4 000
    贷：主营业务收入——自营出口销售收入（上衣）   4 000

 4）结转销售时的海外保险费
  11月3日，上海永达国际贸易有限公司与美国黑旗公司协商后，承担出口退货的责任，结转原出口销售上衣时的海外保险费USD1 000。当月美元记账汇率为6.120 0。请编制会计分录。

  借：销售费用——出口退货费用（USD1 000×6.120 0）   6 120
    贷：主营业务收入——自营出口销售收入（上衣）   6 120

 5）支付销售退回时的海外运费
  11月10日，上海永达国际贸易有限公司支付上月销售给美国黑旗公司的上衣退回国内时的海外运费4 000元人民币。请编制会计分录。

  借：销售费用——出口退货费用   4 000
    贷：银行存款——中国农业银行（人民币户）   4 000

 6）支付销售退回时的海外保险费
  11月10日，上海永达国际贸易有限公司支付上月销售给美国黑旗公司的上衣退回国内时的海外保险费USD1 000。请编制会计分录。

  借：销售费用——出口退货费用   6 120
    贷：银行存款——中国农业银行（美元户）（USD1 000×6.120 0）   6 120

 7）支付销售退回时的国内运费
  11月11日，上海永达国际贸易有限公司支付上月销售给美国黑旗公司的上衣退回国内时的国内运费1 100元人民币。请编制会计分录。

  借：销售费用——运费   1 000
    应交税费——应交增值税（进项税额）   100
    贷：银行存款——中国农业银行（人民币户）   1 100

2. 索赔
 11月12日，上海永达国际贸易有限公司在出口销售黄酒给麦哈姆公司后，因对方未能履约而提出赔偿要求，经过双方协商后确认赔偿金额为USD10 000,当月的美元记账汇率为6.120 0。请编制会计分录。

借：应收账款——应收外汇账款（出口索赔）（USD10 000×6.120 0）　　61 200
　　贷：营业外收入——出口索赔　　　　　　　　　　　　　　　　　61 200

3. 理赔

11月13日，上海永达国际贸易有限公司在出口销售黄酒给美国麦哈姆公司后，因己方未能履约而需要作出理赔，经过双方协商后确认赔偿金额为USD10 000。当月的美元记账汇率为6.120 0。请编制会计分录。

借：营业外支出——对外理赔　　　　　　　　　　　　　　　　　　61 200
　　贷：应付账款——应付外汇账款（美国麦哈姆公司）（USD10 000
　　　　×6.120 0）　　　　　　　　　　　　　　　　　　　　　　61 200

三、代理出口业务的核算

（一）外贸公司的会计处理

1. 收到代理出口商品

11月1日，上海永达国际贸易有限公司代理上海锦福服装厂出口1 000件衣服货款USD10 000，出口成交方式为CIF，代理手续费为3%。该商品已验收入库，当月美元记账汇率为6.120 0。请编制会计分录。

按合同规定出口金额扣除佣金手续费的金额入账：

① 备查账簿作单式记账：

借：代管物资——衣服　　　　　　　　1 000件（59 364元人民币）

② 会计分录：

借：受托代销商品——衣服（USD9 700×6.120 0）　　　　　　　59 364
　　贷：应付账款——上海锦福服装厂（USD9 700×6.120 0）　　　59 364

如果是委托方自行将商品运往车站、港口交货的，会计上只通过备查账簿作单式记账：

借：代管物资——衣服　　　　　　　　1 000件（59 364元人民币）

2. 代办出口托运

受托方根据代理出口合同及代管商品，代办出口单证并向运输单位办理托运手续时，并根据储运部门开具的盖有"代理业务"戳记的出库单，在备查账簿上作两笔单式记账：

① 借：代管物资——发出商品（衣服）　　1 000件（59 364元人民币）
② 贷：代管物资——衣服　　　　　　　　1 000件（59 364元人民币）

3. 代办出口交单收汇

11月2日，上海永达国际贸易有限公司代理上海锦福服装厂向美国黑旗公司出口衣服货款USD10 000，并已向银行办理交单手续，收到储运通知。当月美元记账汇率为6.120 0。请编制会计分录。

① 备查账簿作单式记账：

贷：代管物资——发出商品（衣服）　　　1 000件（59 364元人民币）

② 会计分录：

借：应收账款——应收外汇账款（美国黑旗公司）(USD10 000×6.120 0)　61 200
　　贷：主营业务收入——代理出口销售收入（衣服）　　　　　　　　61 200

同时结转代理出口进价：

借：主营业务成本——代理出口销售成本（衣服）(USD9 700×6.120 0)　59 364
　　贷：受托代销商品——衣服(USD9 700×6.120 0)　　　　　　　　59 364

如果是委托方自行将商品运往车站、港口交货的，处理方法会有所不同：
① 备查账簿作单式记账：

　　贷：代管物资——发出商品（衣服）　　　　1 000 件(59 364 元人民币)

② 会计分录：

借：应收账款——应收外汇账款（美国黑旗公司）(USD10 000×6.120 0)　61 200
　　贷：主营业务收入——代理出口销售收入（衣服）　　　　　　　　61 200

同时结转代理出口进价：

借：主营业务成本——代理出口销售成本（衣服）(USD9 700×6.120 0)　59 364
　　贷：应付账款——上海锦福服装厂(USD9 700×6.120 0)　　　　　59 364

4. 出口收汇

(1) 11 月 5 日，上海永达国际贸易有限公司收到代理出口美国黑旗公司的衣服货款 USD10 000，当月美元记账汇率为 6.120 0。请编制会计分录。

借：银行存款——中国农业银行（美元待核查账户）(USD10 000
　　　　　　　　　　　　　　×6.120 0)　　　　　　　　　　　61 200
　　贷：应收账款——应收外汇账款（美国黑旗公司）(USD10 000×6.120 0)　61 200

(2) 11 月 5 日，上海永达国际贸易有限公司美国待核查账户的款项 USD10 000 经银行审核后，划转到外汇账户，当月美元记账汇率为 6.120 0。请编制会计分录。

借：银行存款——中国农业银行（美元户）(USD10 000×6.120 0)　　61 200
　　贷：银行存款——中国农业银行（美元待核查账户）(USD10 000
　　　　　　　　　　　　　　×6.120 0)　　　　　　　　　　　61 200

(3) 11 月 6 日，上海永达国际贸易有限公司到银行结汇 USD10 000，结汇当日银行的买入价为 6.110 0，当月美元记账汇率为 6.120 0。请编制会计分录。

借：银行存款——中国农业银行（人民币户）　　　　　　　　　　61 100
　　应付账款——上海锦福服装厂　　　　　　　　　　　　　　100
　　贷：银行存款——中国农业银行（美元户）(USD10 000×6.120 0)　61 200

5. 代付境外费用

11 月 6 日，上海永达国际贸易有限公司代付代理出口业务的海外运费 1 200 元人民币，海外保险费 USD300，国外佣金 USD400，当月美元记账汇率为 6.120 0。请编制会计分录。

  贷：主营业务收入——代理出口销售收入（衣服）   5 484
    银行存款——中国农业银行（人民币户）   1 200
       ——中国农业银行（美元户）(USD700×6.120 0) 4 284

同时将上列境外费用转回国内委托方公司：

  借：应付账款——上海锦福服装厂   5 484
   贷：主营业务成本——代理出口销售成本（衣服）   5 484

6. 代付国内费用

11月6日，上海永达国际贸易有限公司代付代理出口业务的国内运费500元人民币，请编制会计分录。

  借：应付账款——上海锦福服装厂   500
   贷：银行存款——中国农业银行（人民币户）   500

7. 清算代理货款

11月8日，上海永达国际贸易有限公司清算上海锦福服装厂的代理出口货款53 280元人民币。请编制会计分录。

  应划拨的款项＝出口销售收入61 200－代付国外运费1 200－代付国外保险费1 836
       －代付国内运费500－汇兑损益100－代付国外佣金2 448
       －代理业务手续费1 836
      ＝53 280(元人民币)

  借：应付账款——上海锦福服装厂   53 280
   贷：银行存款——中国农业银行（人民币户）   53 280

（二）非专业外贸公司的会计处理

对于非专业外贸公司来说，在经营受托代理出口业务时，一般在会计处理上采用应收、应付往来账款的方式进行。

1. 收到代理出口商品

当收到委托方发来的出口货物，在备查账簿上作单式登记：

  借：代管物资——衣服   1 000件(USD10 000)

2. 代办出口托运

当代办出口托运时，在备查账簿上作两笔单式登记：

  ① 借：代管物资——发出商品（衣服）   1 000件(USD10 000)
  ② 贷：代管物资——衣服   1 000件(USD10 000)

3. 代办出口交单收汇

11月2日，上海永达国际贸易有限公司代理上海锦福服装厂向美国黑旗公司出口衣服USD10 000，国外佣金USD400，并已向银行办理交单手续，收到储运通知，当月美元记账汇率为6.120 0。请编制会计分录。

① 备查账簿作单式记账：

  贷：代管物资——发出商品（衣服）   1 000 件（USD10 000）

② 会计分录：

  借：应收账款——应收外汇账款（美国黑旗公司）（USD10 000×6.120 0） 61 200
    贷：应付账款——上海锦福服装厂   58 752
      ——应付外汇账款（国外中间商佣金）（USD400×6.120 0） 2 448

4. 出口收汇

(1) 11月5日，上海永达国际贸易有限公司收到代理出口美国黑旗公司的衣服货款USD10 000，当月美元记账汇率为6.120 0。请编制会计分录。

  借：银行存款——中国农业银行（美元待核查账户）（USD10 000
           ×6.120 0）   61 200
    贷：应收账款——应收外汇账款（美国黑旗公司）（USD10 000×6.120 0） 61 200

(2) 11月5日，上海永达国际贸易有限公司美元待核查账户的款项USD10 000经银行审核后，划转到外汇账户，当月美元记账汇率为6.120 0。请编制会计分录。

  借：银行存款——中国农业银行（美元户）（USD10 000×6.120 0） 61 200
    贷：银行存款——中国农业银行（美元待核查账户）（USD10 000
            ×6.120 0）   61 200

(3) 11月6日，上海永达国际贸易有限公司到银行结汇USD10 000，结汇当日银行的买入价为6.110 0，当月美元记账汇率为6.120 0。请编制会计分录。

  借：银行存款——中国农业银行（人民币户）   61 100
    应付账款——上海锦福服装厂   100
    贷：银行存款——中国农业银行（美元户）（USD10 000×6.120 0） 61 200

5. 代付境外费用

11月6日，上海永达国际贸易有限公司代付代理出口业务的海外运费1 200元人民币，海外保险费USD300，国外佣金USD400当月美元记账汇率为6.120 0。请编制会计分录。

  借：应付账款——上海锦福服装厂   3 036
    ——应付外汇账款（国外中间商佣金）（USD400×6.120 0） 2 448
    贷：银行存款——中国农业银行（人民币户）   1 200
      ——中国农业银行（美元户）（USD700×6.120 0） 4 284

6. 代付国内费用

11月6日，上海永达国际贸易有限公司代付代理出口业务的国内运费500元人民币。请编制会计分录。

  借：应付账款——上海锦福服装厂   500
    贷：银行存款——中国农业银行（人民币户）   500

7. 确认收入

11月8日，上海永达国际贸易有限公司确认代理上海锦福服装厂的代理手续费收入1 836元人民币（含税，税率6%）。请编制会计分录。

代理手续费收入＝USD10 000.00×3‰×6.120 0＝1 836(元人民币)

借：应付账款——上海锦福服装厂　　　　　　　　　　　　1 836.00
　　贷：其他业务收入——代理手续费收入　　　　　　　　　1 732.08
　　　　应交税费——应交增值税（销项税额）　　　　　　　　103.92

8. 清算代理货款

11月8日，上海永达国际贸易有限公司清算上海锦福服装厂的代理出口货款53 280元人民币。请编制会计分录。

应划拨的款项＝出口销售收入61 200－代付国外运费1 200
　　　　　　－代付国外保险费1 836－代付国内运费500－汇兑损益100
　　　　　　－代付国外佣金2 448－代理业务手续费1 836
　　　　　　＝53 280(元人民币)

借：应付账款——上海锦福服装厂　　　　　　　　　　　　53 280
　　贷：银行存款——中国农业银行（人民币户）　　　　　　53 280

9. 计提税金及附加

11月31日，上海永达国际贸易有限公司计提税金及附加，应交增值税103.92元人民币，城市维护建设税7.27元人民币，教育费附加3.12元人民币，地方教育附加2.08元人民币。请编制会计分录。

借：税金及附加　　　　　　　　　　　　　　　　　　　　12.47
　　贷：应交税费——应交城市维护建设税　　　　　　　　　7.27
　　　　　　　　——应交教育费附加　　　　　　　　　　　3.12
　　　　　　　　——应交地方教育附加　　　　　　　　　　2.08

本章小结

出口贸易程序一般包括出口前的调研工作、组织对外成交、出口交易磋商、签订出口合同、履行出口合同、出口收汇核销和出口退税等七个环节。出口业务按照其贸易方式不同，一般分为自营出口销售和代理出口业务。在自营出口销售中，关于支付国内外运费、保险费和佣金的会计处理是本章节的重点内容，对于销货退回及索赔理赔的会计处理是本章节的难点。在代理出口业务中，代理出口的方式有视同买断方式和收取手续费方式。其中，视同买断方式与自营出口方式的会计处理相同。在收取手续费方式下，委托方应在受托方将商品销售后，向受托方开具代销清单，同时确认收入。受托方在商品销售后，按应收取的手续费确认收入。代理出口业务一般有两种外汇结算方式，异地(收)结汇法和全额(收)结汇法。

关键术语

出口贸易　询盘　发盘　还盘与反还盘　交单收汇　出口收汇核销　自营出口　票扣方式　汇付方式　议付方式　代理出口　明佣　暗佣　异地结汇　全额结汇

思考题

1. 出口销售无论何种情况下都要以FOB为统一的入账口径应如何理解？在CIF成交的情况下，对会计有何要求？
2. 自营出口和代理出口的根本区别是什么？

综合业务题

1. 厦门外贸公司是一家自营出口的外贸企业，对外币交易采用的是交易日即期汇率支付，在5月发生了以下业务：

（1）根据合同规定出口待运甲商品一批，共计10 000件，每件成本为30元（不含增值税），财务部今收到出仓凭证。

（2）上列出口甲商品发票金额为CIF价USD50 000，当日即期汇率为1美元＝6.12元人民币，今出口交单，并结转出口商品成本。

（3）合同规定应付国外中间商3%的佣金。

（4）银行收妥上述甲产品外汇，开具结汇水单，将款项划入厦门外贸公司账户，当日即期汇率为1美元＝6.13元人民币。

（5）应付上列出口商品海运费15 000港元，当日即期汇率为1港元＝0.81元人民币。

（6）应付上列出口甲商品保险费USD500，当日即期汇率为1美元＝6.121 5元人民币。

（7）以银行存款支付出口甲商品国内运费5 200元人民币。

（8）上列出口甲商品在对方收货后发现有200件因质量问题退货，经协商双方同意退货，今接到退货通知，该退货商品的每件售价为USD5，当日即期汇率为1美元＝6.132元人民币。

（9）退回商品验收入库。

（10）假设应由我方承担责任的出口退货费用为3 000元人民币，后经批准转作营业外支出。

（11）假设上述出口的甲商品由于全部发错（发成了乙商品）而外方索赔USD20 000，我方支付赔款后，发错商品不再退回调换而是按原价成交，后经核查，应发甲商品仍在仓库内，错发的乙商品进价为每件29元人民币，当日即期汇率为1美元＝6.12元人民币。

要求：根据上述各项业务，编制会计分录。

2. 上海明朗进出口公司是一家从事代理进出口贸易的一般纳税企业，对外币交易采用的是交易日即期汇率折算，该公司6月接受国内一家公司的委托，为其出口甲商品500件，其业务活动如下：

（1）收到委托公司发来的甲商品 500 件，价值每件 250 元人民币，经验收入库代为保管。

（2）甲商品代理出口发运，收到注明代为保管的出仓单。

（3）该项代理出口发票所列金额为 HKD100 000，价格条件 CIF，结算方式 L/C。对外合同规定给予中间商 3% 的佣金，当日即期汇率为 1 港元＝0.85 元人民币，厦门明朗公司与委托公司商议的代理手续费率为 1%。

（4）该项代理出口业务，支付商品自出仓到离岸后的国内直接费用 250 元人民币，通过银行向委托公司办理收托。

（5）该项代理出口业务，发生境外运保费共计 HKD400，先予支付，并通知银行以后给予扣回，当日即期汇率为 1 港元＝0.85 元人民币。

（6）接到银行通知，该代理出口业务已收汇，并扣除已支付运保费、代垫费用及应付佣金和外汇手续费后，将外汇余额划付委托公司，当日即期汇率 1 港元＝0.85 元人民币，同时申请将佣金汇付国外。

要求：根据该公司上列各项业务，编制会计分录。

 实训操作

一、出口商品购进的核算

1. 出口商品直接购进——采购时
2. 出口商品直接购进——购进商品验收入库
3. 出口商品购进退货——采购时
4. 出口商品购进退货——商品验收入库
5. 出口商品购进退货——部分商品退货
6. 购进商品有关折让——收到红字发票

二、自营出口销售一般业务的核算

1. 自营出口——商品出库
2. 自营出口——支付国内运费
3. 自营出口——支付国外运费
4. 自营出口——支付国外保险费
5. 自营出口——确认出口收入
6. 自营出口——结转出口成本
7. 自营出口——计提佣金
8. 自营出口——收汇（收汇至待核查账户）
9. 自营出口——收汇（待核查账户转至外汇账户）
10. 自营出口——结汇
11. 自营出口——支付暗佣

三、自营出口销售其他业务的核算

1. 上月已售出口商品退货——冲减收入
2. 上月已售出口商品退货——冲减成本

3. 上月已售出口商品退货——结转出口发生的国外费用

4. 上月已售出口商品退货——支付退回国内的国外运费

5. 上月已售出口商品退货——支付退回国内的国外保险费

6. 上月已售出口商品退货——支付退回国内的国内运费

7. 上月已售出口商品退货——对外理赔

四、代理出口业务核算

1. 代理出口——结转出口货物应收货款

2. 代理出口——出口收汇(收汇至待核查账户)

3. 代理出口——收汇(待核查账户转至外汇账户)

4. 代理出口——结汇

5. 代理出口——代垫国内运费、港杂费

6. 代理出口——确认代理手续费收入

7. 代理出口——清算代理出口货款

8. 代理出口——计提税金及附加

第五章 进口贸易会计

学习目的与要求

(1) 了解进口贸易种类。

(2) 了解一般进口贸易程序中的财务工作。

(3) 掌握自营进口贸易会计处理。

(4) 掌握代理自营进口贸易会计处理。

重点

自营进口贸易会计处理、代理自营进口贸易。

难点

(1) 自营进口贸易会计处理。

(2) 代理自营进口贸易。

导 读

改革开放 40 年以来,我国不断以扩大进口规模、提高进口质量、推进对外贸易结构调整,推动供给侧结构性改革,取得了巨大成效。当前,中国已成为全球最大消费市场国。中国货物贸易进口从 1978 年占世界比重的 0.8%,排名第 29 位,上升至 2017 年的占比 9.7%,排名第 2 位。同期,进口规模从 1978 年的 109 亿美元跃升至 2017 年的 18 410 亿美元,增长 169 倍。2018 年 11 月 5 日,首届中国国际进口博览会在上海开幕,吸引了全球 172 个国家、地区和国际组织的 3 600 多家企业参展。展望未来,在我国进口贸易迅速发展的进程中,对具备进口贸易核算能力的会计人员需求也越来越大,那么进口贸易包含哪些内容? 一般进口贸易程序中涉及哪些财务工作? 针对不同的进口贸易该如何进行核算呢? 接下来,就让我们带着这些问题开启本章的学习吧。

第一节 进口贸易概述

进口贸易是一个国家(地区)同其他国家(地区)之间进行商品交易的活动,是国内商品流通的延伸和补充。在进口贸易中,一笔进口货物的交易程序由交易洽商、合同签订、合同履行和内销结算这四个部分组成。整个交易程序都是围绕合同这个中心进行的。合同是交易双方的法律依据及各自利益的集中体现。

一、进口贸易的种类

随着进口贸易而发生的各项经济活动,构成了进口贸易活动的各种不同类型。按照经营模式的不同,进口贸易基本分为自营进口、代理进口,此外,还有易货贸易进口、专项进口业务等类型。

(一)自营进口

自营进口是指进口企业用外汇进口境外商品,销售给国内客户的进口业务。商品进口后比照国内同类商品协商作价,其盈亏由进口企业承担。

(二)代理进口

代理进口作为一种通行的国际贸易方式,在许多经济发达国家的国际贸易中占有相当的比重。代理进口是指受托人(有进口经营资格的企业)依据委托人的授权,以自己的名义为委托人设定权利和义务,并由委托人承担风险和享有收益的进口业务。受托人依照代理进口商品的到岸价格 CIF 收取一定比例的手续费,发生的佣金、索赔款等均全部划转给委托人。代理进口盈亏由委托人承担。

(三)易货贸易进口

易货贸易进口是指进口企业根据易货协议和进口订单,在进出口商品等值的前提下进行以货换货的进口贸易行为。易货贸易是在换货的基础上,把出口和进口直接结合起来,以商品的出口换取等值商品的进口的一种贸易方式,也是一种国际性的商品交换。

易货贸易进口的特点有:①按照双方商签的易货贸易协议价格,在规定时间内完成的货物和(或)劳务的直接交换,不涉及货币支付,通常由双方参与只进行一次的交易。②相互有进有出,进出平衡或基本平衡,单独进行核算,盈亏由企业负担。

二、一般进口贸易程序中的财务工作

无论经营模式如何,进口贸易的流程一般包括:进口交易洽商、签订进口合同、履行进口合同和国内销售四个主要环节。

（一）进口交易洽商

进口交易洽商主要包括：选配洽谈人员进行市场和客户资信调查，选择目标市场；选择采购商品的国别（地区）和交易对象；制订进口商品营销方案；筹集采购资金；询价和洽谈等内容。

财务部门可为业务部门提供客户和国外供应商的历史交易情况，当前汇率变化趋势，提示目前可能的风险，了解采购资金的需求，保证业务的顺利开展。

（二）签订进口合同

交易洽商成功，合同随即成立。买卖双方书面签订具有法律效力的正式合同。进口公司应按照税法的规定，履行完税手续。另需留存合同副本建立公司合同档案管理，以备税务申报和税务检查。

（三）履行进口合同

买方应严格信守合同的各项规定，履行买方的责任，同时，还要督促卖方按合同规定履行交货的义务，全面履行进口合同。

在进口业务中，因为价格条款（如 FOB、CFR、CIF、DDP 等）和国际结算方式（如：即期信用证、远期信用证、D/P 交单付款、D/A 承兑交单、T/T 电汇付款）不同，所以履行进口合同的程序也不尽相同。

企业在签订合同时，若采用信用证作为国际结算方式，则进口开证是履行进口合同的第一道程序。

按离岸价（FOB）价格条款和即期信用证结算方式成交时，履行进口合同的一般程序如下。

1. 开立信用证

信用证是开证行根据买方的请求，开给卖方的一种保证承担支付货款责任的书面凭证。它依据进口合同开立，但又不依附于进口合同，一旦开立，即成为一项独立的文件。

财务部门根据业务部门的开立信用证申请，向开证行支付保证金，提交符合要求的单据。开证行向国外供应商可以接受的银行开出信用证后，财务部门及时取得信用证编号，以便于业务部门通知国外供应商开证进度。

2. 租船订舱

进口信用证开立后，应在规定的期限内，敦促出口商及时备货装船。按国际贸易术语的规定，凡以离岸价（FOB）成交的进口合同，应由进口商办理租船订舱工作，办妥后及时通知出口商船名、船期，以便按时办理发运。

货物装船后，业务部门收到供应商发来的装船通知，财务部门应及时了解合同进程，掌握在途商品情况，跟踪商品在途安全。

3. 办理货运保险

凡以离岸价（FOB）和成本加运费价（CFR）成交的合同，均由进口商负责办理货运保险手续。

4. 审单和付汇

企业在收到通过银行转来的全套正本进口单据后,应认真对照信用证的各项条款,核对单据的种类、份数和内容。

在"单证相符、单单相符"的情况下,财务部门凭全套进口单证和进口付汇通知书到银行办理进口付款赎单手续。

如审单中发现问题,财务部门应协助业务部门及时通知银行全部拒付或部分拒付款项。

5. 报关与接货

进口商品到港后,应及时向海关办理申报手续,经海关查验认可后,纳税放行。如发现货物残损,应将货物存放于海关指定的仓库,由保险公司会同商检部门等有关单位检验,并由商检部门出具证明。

财务部门按照业务部门申请,根据提供的海关税单复印件和其他相关单据,对金额、收款人等主要信息进行核对,在合理时间内支付相关税费,并督促业务部门保证在税务机关允许抵扣、入账期限范围内交财务部门进行账务处理。

报关结束,财务部门收到业务部门转来的进口货物报关单,填制贸易进口付汇核销单,到外汇管理部门办理核销手续,避免因未核销而影响业务正常开展。

6. 商检与索赔

进口商品到港后,应及时向商检部门申请,对进口商品按合同或信用证规定的品质条款进行检验,取得商检报告。对于法定检验的进口货物,未经检验的,不准销售和使用。如果商检结果发现进口商品存在问题,应凭商检部门签发的检验证明在规定的有效期内及时向有关方面提出索赔,并列明索赔理由。具体如下:

(1)向卖方索赔。如发现进口商品的规格、品质、原装数量、包装等与合同不符,均属于卖方的责任,应向卖方提出索赔。

(2)向运输公司索赔。如发现进口商品数量与提单数量不符或运输过程中造成的商品残损,均属于船公司的责任,应向船公司提出索赔。

(3)向保险公司索赔。如属于保险范围的自然灾害、意外事故或运输中的其他事故等原因致使进口商品受损均属于保险公司的责任,应向保险公司提出索赔。

进口商品在索赔方面,还应注意以下几点:

① 索赔证据。其中,以进口商品检验证书最为重要,此外,还有装箱单、运输单据副本,以及运输部门签发的单证,如港务局管理员签证的理货报告、承运人签证的短缺或残损证明、路运商务记录、空运、邮运事故记录等。

② 索赔金额。根据国际惯例,买方向卖方索赔的金额应与因卖方违约所造成的实际损失相等。向承运人和保险公司索赔的金额,须根据合同的有关规定及方法计算。

③ 索赔期限。索赔期限以合同规定为基础。逾期索赔,责任方有权不受理,如合同中没有规定索赔期限,而商品检验中又不容易发现货物缺陷的,则买方行使索赔权的最长期限,是自实际收到货物起不超过2年。此外,还可参考《海牙规则》、我国《涉外经济合同法》及保险公司的具体业务规定。

财务部门跟踪了解索赔和理赔情况,及时反映可能产生或者已经产生的资产、负债及损益情况,提示业务部门催要索赔款等。

(四) 国内销售

业务部门按照与客户签订的合同或协议,督促国内客户及时支付货款和代理费等应收款项。企业收到银行转来的全套进口单据正本或收到进口货物到港通知后,应按照内销合同的相关规定向客户办理结算手续,清理往来款项。

财务部门依据合同或协议,审核销售价格是否准确,及时开单,及时催收,及时解决结算过程中出现的问题。同时,财务部门需对应收款项进行分析,提示业务部门尽快收回款项。对可能产生的坏账充分估计,或者准备材料对存在的坏账进行资产报损。

三、进口贸易单证

(一) 进口贸易单据的种类

按单据在结算中的重要性,可分为两大类:
(1) 基本单据,包括商业发票、运输单据和保险单据。
(2) 附属单据,包括装箱单、重量单及商品检验证书等。

(二) 进口贸易单证的审核

根据国际贸易结算的有关规定,银行履行付款责任的依据,是进口贸易的单证而不是相关的货物,因此,进口贸易单证不仅表明出口商是否履约和履约的程度,而且是结算货款的重要依据,在发生贸易纠纷时还是处理事端的司法凭据。加强进口贸易单证的审核工作是进口业务的重要一环。下面以信用证方式为例进行介绍。

1. 商业发票的审核

商业发票通常简称发票,在货物装出时,由出口商开立,是向进口商索取货款的价目清单,是商业交易的详细叙述,属于进口贸易中的基本单据。因此,应重点审核如下内容:
(1) 发票是否由信用证的受益人出具。
(2) 买方名称与信用证上付款人是否一致。
(3) 货物的数量和发票的总金额是否超过信用证的限制。
(4) 发票上的品名和单价是否和信用证的记载相同。
(5) 是否有受益人的签字。
(6) 如为分批装运,是否符合信用证的规定等。

2. 运输单据的审核

运输单据主要有海运提单、航空运单、货物承运收据、邮包收据等,最为常见的是海运提单。海运提单是由货物承运人或其代理人签发,证明托运的货物已经收到或已装运上船,约定将该项货物运往目的地交与提单持有人的物权凭证。因此应重点审核如下内容:
(1) 收货人名称与信用证是否相符。
(2) 提单所列货物与信用证是否一致。
(3) 提单是否为不清洁提单。
(4) 装货港和卸货港是否符合信用证的规定。

(5) 是否提交了全套有效单据。
(6) 装船批注日期是否迟于信用证规定的装船期。
(7) 是否按信用证规定证明运费已付及支付金额。
(8) 是否按信用证的规定签字或背书等。

3. 商品检验证明书的审核

商品检验证明书是由政府商检部门、制造厂商或公证行等对商品进行检验后出具的关于商品品质、规格、重量、数量、包装、检疫等各方面或某一方面鉴定的书面证明文件。因此，应重点审核如下内容：

(1) 发货人的名称是否符合信用证的规定。
(2) 货名、重量、包装等是否与发票、提单上所注明的完全一致。
(3) 所证明的内容是否与信用证的有关规定完全一致。

4. 装箱单的审核

装箱单是货运单据的一项重要凭证，进口地海关验货，进口商核对货物均以此为依据。因此，应重点审核如下内容：

(1) 装箱单的内容是否与货物实际包装相符。
(2) 装箱单上的内容是否与商业发票、提单等单据的各项内容一致。
(3) 装箱单上的日期是否早于发票日期等。

(三) 进口贸易单据的处理

进口单据一般包括三套正本单据分别为：提供报关一套，国内客户一套，留底一套。每套单据包含一份商业发票、一份运输单据、一份装箱单以及商品检验证书。

业务部门根据合同或信用证审核单据。发现有不相符的地方，应该立即通知财务部门，并将全套单据交回，写明详细拒付理由并与全套单据一并退回银行，银行向国外议付行提出拒付。拒付期间，全套单据由开证行持有，直到接到国外补充更正单据，开证行再将原单据及更正单据送交进口公司。

业务部门审单如为单证相符、单单相符，则通知财务部门同意对外付款。另填写"进口合同结算申请单"，注明商品名称、运保费及公司手续费的收取比例等项内容，附上三套正本单据送财务部门用于付款和对国内销售。业务部门最后应至少保存一套正本单据，以便将来进口货物到港，若我方检验发现问题时，凭正本单据向出口商提出索赔。

财务部门在接到业务部门以上单据后，通知开证行对外付款、进行对内开票结算，办妥托收手续或者通过其他方式交给客户结算发票及单据，对照发票等进行会计处理。

客户在接到托收凭证后，承付托收款，并凭单据到港口提货。

四、进口业务的管理

(一) 进口业务预算管理

为减少经营上的盲目性，经营进口业务的企业应根据本企业的经营范围，在对国内需求和国外市场情况进行调查研究的基础上，提出本企业自营进口业务的年度预算，预测主要进口商品的数量、价格、国内市场销售前景以及进口的盈亏,并作为本年度的经营目标。执行预算过程中,如国内外市场发生较大变化,特别是市场需求和价格发生较大变化时,应及时测算盈亏,适当调整支付进口用汇,这样既可避免汇率变化的风险,又可减少买卖外汇付给银行的手续费用。

(二) 进口业务合同管理

经营进口业务的外经贸企业应执行合同审批、跟踪程序,设立合同管理人员,做好合同统计、归档、保存,严格规定合同印章的使用和监控。

(三) 进口外汇管理

经营进口业务的外贸企业,应随时关注国际市场各种货币的汇率变化和金融衍生产品的利率,选择对自己有利的货币价格和方式结算,可以选择有利时机进行成交,减少汇率变化造成损失,也可以申请开立经常项目外汇账户,暂时不结汇出口的外汇收入,保留在经常项目外汇账户上,用于支付进口用汇,这同样可起到规避汇率风险和降低银行手续费的作用。代理进口所需外汇,如委托方委托受托方购汇,所需人民币及手续费由委托方负担,并在购汇支付前必须汇入受托方银行账户,原则上受托方不垫付资金。

(四) 进口付汇核销管理

企业付汇、报关结束后,应按照国家外汇管理局的要求,按时凭进口货物报关单和贸易进口付汇核销单,到外汇管理部门进行外汇核销。关注外汇核销政策发生变化,保证外汇核销正常有序进行。

(五) 国内结算与管理

国内结算,一般有货到结算、出库结算和单到结算三种情况。采用哪种结算方式,都由外贸企业和国内客户商定。通常,自营进口业务以货到结算为主。

外贸企业向国内客户销售自营进口商品,除国家有特殊规定外,一般均按照市场供求关系,由企业与客户协商定价,其国内销售价格与进口成本差额,即为外贸企业自营进口业务的盈亏。

为保证进口商品货款的及时收回,减少货款拖欠,企业应配备专人办理货款结算工作,及时开单、催收,解决结算过程中出现的问题,保证资金及时回笼。

(六) 进口业务盈亏管理

自营进口商品的企业一般以货物发出,开具增值税发票向国内客户办理结算,作为商品销售收入确认的条件。开具增值税发票时的销售价格(不含增值税)一般包括:国外进价、进口运费、进口保费、进口关税、进口环节消费税、其他相关费用及企业利润。

代理进口商品的企业一般在收到国外账单或进口货船到达我国港口后,按与国内客户签订的代理协议,开具服务业发票,向客户办理有关结算手续,作为商品销售收入确认的条件。

进口商品的初始成本由进口采购成本构成。进口商品采购成本是指进口商品到达目的地后,商品发出以前发生的各种支出,主要包括国外进价、进口税费以及其他可归属于进口

商品采购成本的费用。

进口商品的国外进价，一律以到岸价(CIF)为基础。如对外合同以离岸价(FOB)或成本加运费价(CFR)成交，商品离开对方口岸应由进口方负担的运费、保险费、佣金等，应并入进口商品的进价，收到的进口佣金冲减进价，如不易按商品认定的佣金可记入"其他业务收入——累计佣金"科目。

构成进口商品采购成本的进口税费，主要包括海关征收的进口关税、消费税、报关费、码头费等。进口商品在国内销售环节缴纳的各种税费，不在进口商品的采购成本中进行会计处理。

其他可归属于进口商品采购成本的费用，主要包括进口商品采购过程中发生的仓储费、包装费、运输途中的合理损耗、入库前的挑选整理费、委托代理费用等。委托代理费用是指企业委托其他单位代理进口时，支付给受托单位的代理手续费和其他费用。

代理进口发生的国内外直接费用，如运费、保险费、银行手续费、公司手续费均由委托方负担。间接费用，如电讯费等，应从收取的委托方手续费中进行补偿。

第二节　自营进口贸易的会计处理

一、自营进口在途物资成本的构成

自营进口商品的采购成本由国外进价、进口税费、进口运费、进口保险费、进口佣金、国内费用等构成。

（一）国外进价

进口商品的进价一律以 CIF 价格为基础，如果与出口商以 FOB 价格或 CFR 价格成交的，那么商品离开对方口岸后，应由外贸企业负担的国外运费和保险费均应作为商品的国外进价入账。外贸企业收到的能够直接认定的进口商品佣金，应冲减商品的国外进价。对于难以按商品直接认定的佣金，如累计佣金可以直接冲减"主营业务成本——自营进口销售成本"账户。

（二）进口税费

进口税费是指进口商品在进口环节应缴纳的计入进口商品成本的各种税费。它包括海关征收的关税、消费税和海关监管手续费。征收消费税的商品的范围和税率与出口商品相同，不再重述。商品进口环节征收的增值税是价外税，它不是进口商品采购成本的构成部分，应将其记入"应交税费——应交增值税（进项税额）"科目。

1. 进口关税

海关征收进口关税的依据是进口关税完税价格。进口关税完税价格是指海关根据有关规定对进出口货物进行审定或估定后确定的价格，通常完税价格就是发票上标明的交易价格,即进口商在该货物到进口国时实付或应付的价格。

关税完税价格一般为 CIF 价,以 CIF 价以外的价格条件成交的进口价格应加上由进口商实际承担并支付的进口海运费、进口保险费,换算成 CIF 价。

进口关税完税价格和进口关税的公式如下:

$$进口关税完税价格 = CIF 价 \times 汇率$$

$$进口关税应纳税额 = 进口关税完税价格 \times 适用关税税率$$

$$= CIF 价 \times 汇率 \times 适用关税税率$$

2. 进口消费税

进口消费税是对少数特定进口消费品征收的税收。进口货物缴纳的消费税是价内税,应计入消费品成本。

进口消费税计算公式如下:

$$进口消费税组成计税价格 = (进口关税完税价格 + 进口关税税额) \div (1 - 进口消费税税率)$$

$$进口消费税应纳税额 = 进口消费税组成计税价格 \times 适用消费税税率$$

$$= (CIF 价 \times 汇率 + 进口关税额) \div (1 - 进口消费税税额)$$

$$\times 适用进口消费税税率$$

3. 进口增值税

进口商品增值税属于价外税,一般可予以进项抵扣。但进口用于非应税项目、免税项目等的机器设备,其进项税额不得抵扣,需要计入采购成本。

进口增值税计算公式如下:

$$进口增值税组成计税价格 = 进口关税完税价格 + 进口关税额 + 进口消费税额$$

$$= CIF 价 \times 汇率 + 进口关税额 + 进口消费税额$$

$$进口增值税应纳税额 = 进口增值税组成计税价格 \times 增值税税率$$

$$= (CIF 价 \times 汇率 + 进口关税额 + 进口消费税额) \times 增值税税率$$

4. 海关监管手续费

海关对进口减免关税的货物和保税货物以审定的 CIF 价格为基础征收海关监管手续费,费率一般为被减免或保税部分的 3‰。

(三) 进口运费

在 FOB 条件下,进口公司所支付的进口海运费计入进口成本。

(四) 进口保险费

在 FOB、CFR 条件下,进口公司所支付的进口保险费计入进口成本。

(五) 进口佣金

进口贸易可以采用含佣价成交(包括明佣和暗佣)。

进口交易发生的佣金收入,在收到时冲减进口成本;发生的佣金支出,在确认后,计入进口成本。

进口佣金计算公式：

$$含佣价 = 净价 \div (1 - 佣金率)$$
$$佣金 = 含佣价 \times 佣金率$$

（六）国内费用

按照《企业会计准则》的规定，进口商品入库前在国内发生的报关费用、运输费用、装卸费用、保管费用、商品检验费用等，均应计入进口成本。

在实务中，外贸企业的运输费用，如果金额较小，可以计入销售费用。

二、自营进口商品购进的核算

外贸企业采购国外商品主要采用信用证结算方式。

(1) 当收到银行转来国外全套结算单据时，将其与信用证或合同条款核对相符，并通过银行向国外出口商承付款项时，借记"在途物资"科目，贷记"银行存款——××银行"科目。

(2) 当支付国外运费和保险费时，应借记"在途物资"科目，贷记"银行存款——××银行"科目。

(3) 进口商品运抵我国口岸，向海关申报进口关税、消费税和增值税时，根据进口关税和消费税的合计数（增值税是价外税，暂不作账务处理），借记"在途物资"科目；贷记"应交税费"科目。

(4) 外贸企业收到出口商付来佣金时，借记"银行存款"科目，贷记"在途物资"科目。当进口商品采购完毕，验收入库，结转其采购成本时，借记"库存商品"科目，贷记"在途物资"科目。

(5) 外贸企业支付进口商品的关税、消费税和增值税时，应借记"应交税费"科目，贷记"银行存款——××银行"科目。

【例 5-1】 甲进出口公司根据进口贸易合同从美国乙公司进口卷烟一批，采用信用证结算，开户行为中国工商银行。

(1) 6 月 1 日，接到银行转来国外全套结算单据，开列卷烟 500 箱，每箱 96 美元 FOB 价格，其中货款 48 000 美元，审核无误后，购汇予以支付，当日卖出汇率为 1 美元＝6.78 元人民币。作会计分录如下：

借：在途物资——美国卷烟　　　　　　　　　　　　　　　　325 440
　　贷：银行存款——中国工商银行（美元户）(USD48 000×6.78)　325 440

(2) 6 月 2 日，购汇支付进口卷烟国外运费 1 890 美元，保险费 110 美元，当日卖出汇率为 6.78。作会计分录如下：

借：在途物资——美国卷烟　　　　　　　　　　　　　　　　13 560
　　贷：银行存款——中国工商银行（美元户）(USD2 000×6.78)　13 560

(3) 6 月 19 日，卷烟运达我国口岸，向海关申报卷烟应纳进口关税额 84 750 元人民币，应纳消费税额 282 500 元人民币，应纳增值税额 91 812.5 元人民币。作会计分录如下：

借：在途物资——美国卷烟　　　　　　　　　　　　　　　367 250
　　贷：应交税费——应交进口关税　　　　　　　　　　　　84 750
　　　　　　　　——应交消费税　　　　　　　　　　　　　282 500

(4) 6月20日，美国乙公司付来佣金1 500美元，当日买入汇率为1美元＝6.76元人民币，收到银行转来结汇水单。作会计分录如下：

借：银行存款——中国工商银行(美元户)(USD1 500×6.76)　　10 140
　　贷：在途物资——美国卷烟　　　　　　　　　　　　　　10 140

(5) 6月21日，500箱进口卷烟验收入库，结转其采购成本。作会计分录如下：

借：库存商品——库存进口商品　　　　　　　　　　　　　706 250
　　贷：在途物资——美国卷烟　　　　　　　　　　　　　　706 250

(6) 6月26日，以银行存款支付进口卷烟的进口关税额、消费税额和增值税额。作会计分录如下：

借：应交税费——应交进口关税　　　　　　　　　　　　　84 750
　　　　　　——应交消费税　　　　　　　　　　　　　　282 500
　　　　　　——应交增值税(进项税额)　　　　　　　　　91 812.5
　　贷：银行存款——中国工商银行　　　　　　　　　　　459 062.5

三、自营进口销售收入的确认

(一) 收入确认一般原则

根据《企业会计准则第14号——收入》(财会〔2017〕22号)的规定，企业应当在履行了合同中的履约义务，即在客户取得相关商品控制权时确认收入。取得相关商品控制权，是指能够主导该商品的使用并从中获得几乎全部的经济利益。

当企业与客户之间的合同同时满足下列条件时，企业应当在客户取得相关商品控制权时确认收入：

(1) 合同各方已批准该合同并承诺将履行各自义务。

(2) 该合同明确了合同各方与所转让商品或提供劳务(以下简称转让商品)相关的权利和义务。

(3) 该合同有明确的与所转让商品相关的支付条款。

(4) 该合同具有商业实质，即履行该合同将改变企业未来现金流量的风险、时间分布或金额。

(5) 企业因向客户转让商品而有权取得的对价很可能收回。

(二) 自营进口商品收入确认原则

外贸企业自营的进口商品，应以开出进口结算凭证向国内客户办理货款结算的时间作为商品销售收入确认的时间，进口商品的结算时间有单到结算、货到结算和出库结算三种。

具体采取哪一种结算时间，由外贸企业与国内客户协商确定。

1. 单到结算

单到结算是指外贸企业不论进口商品是否到达我国港口，只要收到银行转来国外全套结算单据，经审核符合合同规定，即向国内客户办理货款结算，以确认销售收入的实现的结算方式。

2. 货到结算

货到结算是指外贸企业收到运输公司进口商品已到达我国港口的通知后，即向国内客户办理货款结算，以确认销售收入的实现的结算方式。

3. 出库结算

出库结算是指外贸企业的进口商品到货后，先验收入库，等出库销售时，根据销售发票办理结算，以确认销售收入的实现的结算方式。

四、自营进口销售收入的会计处理

自营进口销售收入的会计处理主要涉及"主营业务收入——自营进口销售收入"和"主营业务成本——自营进口销售成本"两个科目。

"主营业务收入——自营进口销售收入"是损益类科目，用来核算企业自营进口商品的销售收入。企业取得自营进口商品销售收入时，记入该科目的贷方；发生自营进口销售商品国外运费、保险费、销货退回、理赔以及期末转入"本年利润"科目时，记入该科目的借方。

"主营业务成本——自营进口销售成本"是损益类科目，用来核算企业自营进口商品的销售成本。企业结转自营进口商品销售成本时，记入该科目的借方；冲减销货退回商品成本以及期末转入"本年利润"科目时，记入该科目的贷方。

（一）自营进口商品销售采取单到结算的核算

若购销双方合同规定实行单到结算的，销售方凭国外账单向订货单位开出的结算凭证作为收入的实现，即在银行转来国外全套结算单据时，就可以向国内客户办理货款结算，这样，进口在途物资的核算与销售的核算几乎同时进行。然而，进口商品的采购成本的归集有一个过程，只有在在途物资成本归集完毕后才能结转商品销售成本。由于商品没有入库就已经销售了，因此可以将归集的在途物资成本直接从"在途物资"科目转入"主营业务成本——自营进口销售成本"科目。单到结算具有以下三个特点：

（1）进口商品的采购和销售几乎同时进行，进口商品一般不需入库。因此，在核算上不用"库存商品"科目来反映进口商品的进销存情况。

（2）以收到国外进口单据的时间确认销售收入的实现。

（3）确认内销收入时，采购成本尚未归集完毕，不能同时结转成本。

【例5-2】甲照相器材进出口公司根据合同从日本乙公司进口照相机300架，采用信用证结算。采取单到结算方式销售给丙公司。

（1）7月5日，接到银行转来国外全套结算单据，开列照相机200架，每架300美元CIF价格，货款60 000美元，佣金1 200美元。经审核无误，扣除佣金后，购汇支付货款，当日卖出汇率为1美元=6.8元人民币。会计分录如下：

借：在途物资——日本照相机　　　　　　　　　　　　　　　399 840
　　贷：银行存款——中国工商银行(美元户)(USD58 800×6.8)　　399 840

(2) 7月6日，接到业务部门转来增值税专用发票，列明照相机200架，每架2 900元人民币，货款580 000元人民币，增值税额75 400元人民币。收到丙公司签发并承兑的商业汇票。会计分录如下：

借：应收票据——丙公司　　　　　　　　　　　　　　　　655 400
　　贷：主营业务收入——自营进口销售收入　　　　　　　　580 000
　　　　应交税费——应交增值税(销项税额)　　　　　　　　 75 400

(3) 7月15日，照相机运抵我国口岸，向海关申报应纳进口关税额99 960元人民币，应交增值税额64 974元人民币。会计分录如下：

借：在途物资——日本照相机　　　　　　　　　　　　　　　 99 960
　　贷：应交税费——应交进口关税　　　　　　　　　　　　　99 960

(4) 7月20日，日本照相机采购完毕，结转其销售成本。会计分录如下：

借：主营业务成本——自营进口销售成本　　　　　　　　　　499 800
　　贷：在途物资——日本照相机　　　　　　　　　　　　　499 800

(5) 7月25日，支付进口日本照相机的进口关税和增值税。会计分录如下：

借：应交税费——应交进口关税　　　　　　　　　　　　　　 99 960
　　　　　　——应交增值税(进项税额)　　　　　　　　　　 64 974
　　贷：银行存款——中国工商银行　　　　　　　　　　　　164 934

(二) 自营进口商品销售采取货到结算的核算

货到结算具有以下两个特点：
(1) 进口商品的采购和销售几乎同时进行，进口商品一般不需入库。
(2) 以货物到达港口并取得到港通知的时间确认销售收入的实现。

货到结算和单到结算的会计处理基本上是相同的，只有在确认销售收入的时间有所不同。

【例5-3】 甲照相器材进出口公司根据合同从日本乙公司进口照相机300架，采用信用证结算。采取货到结算方式销售给丙公司。

(1) 7月5日，接到银行转来国外全套结算单据，开列照相机200架，每架300美元CIF价格，货款60 000美元，佣金1 200美元。经审核无误，扣除佣金后，购汇支付货款，当日卖出汇率为1美元＝6.80元人民币。会计分录如下：

借：在途物资——日本照相机　　　　　　　　　　　　　　　399 840
　　贷：银行存款——中国工商银行(美元户)(USD58 800×6.80)　399 840

(2) 7月15日，接到外运公司通知货到口岸后，即向国内订货单位结算货款。接到业务部门转来增值税专用发票,列明照相机200架,每架2 900元人民币,货款580 000元人民币,增值税额75 400元人民币。收到丙公司签发并承兑的商业汇票。会计分录如下:

  借:应收票据——丙公司   655 400
   贷:主营业务收入——自营进口销售收入   580 000
     应交税费——应交增值税(销项税额)   75 400

(3) 7月15日,照相机运抵我国口岸,向海关申报应纳进口关税额99 960元人民币,应交增值税额64 974元人民币。会计分录如下:

  借:在途物资——日本照相机   99 960
   贷:应交税费——应交进口关税   99 960

(4) 7月20日,日本照相机采购完毕,结转其销售成本。会计分录如下:

  借:主营业务成本——自营进口销售成本   499 800
   贷:在途物资——日本照相机   499 800

(5) 7月25日,支付进口日本照相机的进口关税和增值税。会计分录如下:

  借:应交税费——应交进口关税   99 960
      ——应交增值税(进项税额)   64 974
   贷:银行存款——中国工商银行   164 934

(三) 自营进口商品销售采取出库结算的核算

出库结算具有以下三个特点:
(1) 进口商品的采购和销售是分开的,进口商品需要入库。
(2) 当接到进口商品销售的出库通知单后,根据销售发票向国内客户结算。
(3) 确认销售收入时,同时确认销售成本。

【例5-4】 甲照相器材进出口公司根据合同从日本乙公司进口照相机300架,采用信用证结算。采取出库结算方式销售给丙公司。

(1) 7月5日,接到银行转来国外全套结算单据,开列照相机200架,每架300美元CIF价格,货款60 000美元,佣金1 200美元。经审核无误,扣除佣金后,购汇支付货款,当日卖出汇率为1美元=6.80元人民币。会计分录如下:

  借:在途物资——日本照相机   399 840
   贷:银行存款——中国工商银行(美元户)(USD58 800×6.80) 399 840

(2) 7月15日,照相机运抵我国口岸,向海关申报应纳进口关税额99 960元人民币,应交增值税额64 974元人民币。会计分录如下:

  借:在途物资——日本照相机   99 960
   贷:应交税费——应交进口关税   99 960

(3) 7月25日,支付进口日本照相机的进口关税和增值税。会计分录如下:

借：应交税费——应交进口关税	99 960
——应交增值税（进项税额）	64 974
贷：银行存款——中国工商银行	164 934

（4）7月27日，进口的日本照相机验收入库。会计分录如下：

| 借：库存商品——日本照相机 | 499 800 |
| 贷：在途物资——日本照相机 | 499 800 |

（5）7月27日，进口的日本照相机验收入库后，即向国内订货单位结算货款。接到业务部门转来增值税专用发票，列明照相机200架，每架2 900元人民币，货款580 000元人民币，增值税额75 400元。收到丙公司签发并承兑的商业汇票。会计分录如下：

借：应收票据——丙公司	655 400
贷：主营业务收入——自营进口销售收入	580 000
应交税费——应交增值税（销项税额）	75 400

（5）7月27日，结转其销售成本。会计分录如下：

| 借：主营业务成本——自营进口销售成本 | 499 800 |
| 贷：库存商品——日本照相机 | 499 800 |

上述三种结算方式有两种不同的会计处理。按理说，最好将销售收入与销售成本配对同时转账，这样可便于防止漏转、错转、重转等错误（通常还要求记在同一张记账凭证上，及记入同一页的平列式账页上，以便审核），这在货到结算及出库结算方式上是可以做到的。但在单到结算方式中，由于一面进行进口商品采购记录，同时又立即要做销售分录，那时进口商品采购成本还来不及把全部成本都汇集完毕，从而不能在记录销售的同时结转成本。另外，货到结算与单到结算都可从"在途物资"科目直转销售成本。会计分录如下：

借：应收账款
    贷：主营业务收入——自营进口销售收入
        应交税费——应交增值税（销项税额）

借：主营业务成本——自营进口销售成本
    贷：在途物资　（货到结算或单到结算时）
        库存商品　（出库结算时）

上述转销售成本的单价，在货到结算及单到结算中多属客户订购，大多能具体辨认原进价，可以逐批认定后转销。在大宗商品先进库后销售时，各次的进口单价有可能不同，那时可按先进先出及加权平均等方法处理。

再如在年终决算时，凡已作销售的进口商品，属于国外以FOB价格成交并有应付未付国外运保费及佣金的，应先进行预估入账，贷记"其他应付款"科目及借记"主营业务成本——自营进口销售成本"科目（次年实际支付数和年末预估数的差额再分别调整有关科目）。这样才符合收入与成本同口径配比的会计原则，本年利润不致虚增。如有尚未作销售的进口商品，一般可在"库存商品"科目中等待实际费用单据的到达，不必进行预估。

五、自营进口商品销售其他业务的核算

(一) 销货退回的核算

自营进口商品销售采取单到结算方式的外贸企业,如果在商品运达我国港口后,发现商品的质量与合同规定严重不符,可根据商检部门出具的商品检验证明书,按照合同规定与国外出口商联系,将商品退回给出口商,收回货款、进口费用和退货费用,然后向国内客户办理退货手续。

【例 5-5】 承[例 5-4],甲照相器材进出口公司购进的 200 架照相机运到时,商检局出具了商品检验证明书,证明该批照相机为不合格产品,经与出口商日本乙公司联系后,同意作退货处理。

(1) 8 月 10 日,购汇垫付退还日本乙公司的 200 架照相机国外运费 568 美元,保险费 132 美元,当日卖出汇率为 1 美元=6.80 元人民币。会计分录如下:

借:应收账款——应收外汇账款(乙公司)(USD700×6.80)　　4 760
　　贷:银行存款——中国工商银行(美元户)(USD700×6.80)　　4 760

(2) 8 月 10 日,将 200 架照相机作进货退出处理,并向税务部门申请退还已支付的进口关税。会计分录如下:

借:应收账款——应收外汇账款(乙公司)(USD58 800×6.80)　　399 840
　　应交税费——应交进口关税　　99 960
　　贷:主营业务成本——自营进口销售成本　　499 800

(3) 8 月 10 日,同时作销货退回处理,开出红字专用发票,应退丙公司货款 672 800 元人民币,增值税额 75 400 元人民币。会计分录如下:

借:主营业务收入——自营进口销售收入　　580 000
　　应交税费——应交增值税(销项税额)　　75 400
　　贷:应付账款——丙公司　　655 400

(4) 8 月 24 日,收到日本乙公司退回的货款及代垫费用 59 500 美元,当日买入汇率为 1 美元=6.76 元人民币,收到银行转来结汇水单。会计分录如下:

借:银行存款——中国工商银行(美元户)(USD59 500×6.76)　　402 220
　　财务费用——汇兑损益　　2 380
　　贷:应收账款——应收外汇账款(乙公司)(USD59 500×6.80)　　404 600

(5) 8 月 25 日,签发转账支票支付丙公司退货款 672 800 元,会计分录如下:

借:应付账款——丙公司　　672 800
　　贷:银行存款——中国工商银行　　672 800

(6) 8 月 31 日,收到税务机关退还进口关税额 99 960 元人民币和增值税额 64 974 元人民币,会计分录如下:

借：银行存款——中国工商银行 164 934
  贷：应交税费——应交进口关税 99 960
        ——应交增值税（进项税额） 64 974

自营进口商品销售采取出库结算方式的外贸企业，如果在国内客户购进商品后，因发现商品的品种、规格、质量与合同不符等原因提出退货，经外贸企业业务部门同意后，由其填制红字专用发票送各有关部门办理退货手续。财务部门收到业务部门转来的红字专用发票，根据发票所列的销售金额，借记"主营业务收入——自营进口销售收入"科目；根据发票所列的增值税税额，借记"应交税费——应交增值税（销项税额）"科目；根据价税合计额，贷记"应收账款"科目。如果退回的商品已结转了销售成本，那么同时还应予以转回，届时根据其采购的成本，借记"库存商品"科目，贷记"主营业务成本——自营进口销售成本"科目。

（二）索赔和理赔的核算

自营进口商品如果发生商品短缺、质量与合同规定不符，应区别情况进行处理。如果属于运输单位责任或属于保险公司负责赔偿的范围，由国内客户向运输单位或保险公司索赔；如果属于国外出口商的责任，应由外贸企业根据商检部门出具的商品检验证明书在合同规定的对外索赔期限内向出口商提出索赔，并向国内客户理赔。

【例5-6】 甲粮油进出口公司7月份从美国达拉斯公司购进黄豆200吨，每吨500美元CIF价格，货款100 000美元，佣金2 000美元，当日卖出汇率为1美元＝6.80元人民币，缴纳进口关税税额19 600元人民币，增值税税额61 740元人民币。这批黄豆采取单到结算方式，已售给乙食油厂，每吨4 000元人民币，货款800 000元人民币，增值税额7 200元人民币，款已收妥入账。8月5日，黄豆到达港口，乙食油厂检验黄豆时发现其中20吨已霉烂变质。

(1) 8月7日，收到乙食油厂转来商检部门出具的商品检验证明书，20吨黄豆霉烂变质系美国达拉斯公司的责任。乙食油厂向外商提出索赔，经协商后，外商同意赔偿9 800美元，予以冲减商品销售成本。作会计分录如下：

借：应收账款——应收外汇账款（美国达拉斯公司）（USD9 800×6.80） 66 640
  贷：主营业务成本——自营进口销售成本 66 640

(2) 8月7日，同时作销货退回处理，开出红字专用发票，应退货款80 000元人民币，增值税额7 200元人民币（增值税税率9%）。作会计分录如下：

借：主营业务收入——自营进口销售收入 80 000
  应交税费——应交增值税（销项税额） 7 200
  贷：应付账款——乙食油厂 87 200

(3) 8月8日，向税务机关申请退还20吨霉烂变质黄豆已缴的进口关税额1 960元。作会计分录如下：

借：应交税费——应交进口关税 1 960
  贷：主营业务成本——自营进口销售成本 1 960

(4) 8月20日，收到美国达拉斯公司付来赔偿款9 800美元，当日买入汇率为1美元＝6.76元人民币，予以结汇。作会计分录如下：

```
借：银行存款——中国工商银行(美元户)(USD9 800×6.76)    66 248
    财务费用——汇兑损益                                    392
    贷：应收账款——应收外汇账款(美国达拉斯公司)(USD9 800×6.80)  66 640
```

(5) 8月31日，收到税务机关退还20吨变质黄豆的进口关税税额1 960元人民币，增值税额6 174元，存入银行。作会计分录如下：

```
借：银行存款——中国工商银行                              8 134
    贷：应交税费——应交进口关税                          1 960
              ——应交增值税(进项税额转出)                 6 174
```

第三节　代理进口业务的会计处理

一、代理进口业务概述

(一) 代理进口业务的会计核算特点

代理进口业务会计核算的最大特点是代理企业处于中介服务地位，它纯粹是接受其他企业委托，以订立代理合同形式进口。代理方应负责对外洽谈价格条款、技术条款、交货期及签订合同并办理运输、开证、付汇等全过程。

对受托方而言，代理进口业务有以下五个特点：

(1) 不垫付资金，只是用委托方资金进口商品物资，以原价转让给委托方。一般由委托单位先预付人民币资金，待代理过程全部结束后，由代理方开列"代理进口物资结算单"，再进行最后清算。

(2) 代理进口所发生的费用，一般由委托方负担境内外直接费用，包括海外运输费、保险费、银行手续费、代理手续费。受托方承担间接费用，包括开证费、电讯费等。

(3) 以所收取的手续费来作为代理开支及盈利，一般手续费在1%～3%，一般按CIF价计算，但目前远远低于这个比例。代理方所收取的手续费应缴纳6%的增值税。

(4) 不承担盈亏，外方付来的佣金、索赔款全部退给委托方。

(5) 代理进口业务所需的外汇原则上由委托方解决，如需受托方代为购汇的，则手续费由委托方负担。

(二) 代理进口业务的结算内容

代理进口业务结算内容主要包括国外结算和国内结算两方面。其中，国外结算主要有国外货款和国外运保费的核算；国内结算主要有进口税费、银行手续费、外运劳务费和代理手续费的核算。

(三）代理进口业务的销售收入确认

外贸企业代理进口业务,应以开出进口结算单,向国内委托单位办理货款结算的时间确认销售收入的实现。

由于外贸企业经营代理进口业务前,已与委托单位签订了代理进口合同或协议,就代理进口商品的名称、价款条件、运输方式、费用负担、风险责任、手续费率等有关内容作出详细的规定,以明确双方的权利和责任。因此,当银行转来国外全套结算单据,经审核与合同无误,在支付进口商品货款的同时,也就可以向国内委托单位办理货款结算,那么代理进口商品的销售收入也就已经实现。

二、代理进口业务的会计核算

外贸企业代理进口业务通常要求委托单位预付货款,在收到委托单位的预付货款时,借记"银行存款"科目,贷记"预收账款"科目。通过银行向国外出口商承付款项时,借记"预收账款"科目,贷记"银行存款"科目。同时,外贸企业业务部门根据代理进口商品金额CIF价格的一定比例,开具收取代理手续费的发票,财务部门根据业务部门转来的发票(记账联)确认代理进口业务销售收入的实现,据以借记"预收账款"科目;贷记"其他业务收入"科目。

"其他业务收入"是损益类科目,用来核算企业除自营业务活动以外的其他经营活动实现的收入,包括代理业务收入、出租资产业务收入等其他各项收入。企业发生代理业务手续费收入、出租资产业务收入等其他各项收入时,记入该科目的贷方;月末结转"本年利润"科目时,记入该科目的借方。

"其他业务成本"是损益类科目,用来核算企业除自营业务活动以外的其他经营活动所发生的支出,包括代理业务、出租资产业务等其他各项业务所发生的相关成本和费用。发生业务时,记入该科目的借方;月末结算"本年利润"科目时,记入该科目的贷方。

【例5-7】 甲进出口公司受理乙公司代理进口法国香水业务,以FOB价格成交。

(1) 8月1日,收到乙公司预付代理进口法国香水款1 010 000元人民币。作会计分录如下:

借:银行存款——中国工商银行　　　　　　　　　　　　　　　1 010 000
　　贷:预收账款——乙公司　　　　　　　　　　　　　　　　　1 010 000

(2) 8月12日,购汇支付购买法国丙公司香水的国外运费1 424美元,保险费176美元,当日卖出汇率为1美元＝6.80元人民币。作会计分录如下:

借:预收账款——乙公司(USD1 600×6.80)　　　　　　　　　　10 880
　　贷:银行存款——中国工商银行(美元户)　　　　　　　　　　10 880

(3) 8月15日,收到银行转来法国丙公司全套结算单据,开列香水200箱。每箱400美元FOB价格,货款80 000美元,佣金1 600美元。审核无误后,扣除佣金后支付货款,当日卖出汇率为1美元＝6.80元人民币。作会计分录如下:

借：预收账款——乙公司（USD78 400×6.80）　　　　　　　　　　533 120
　　贷：银行存款——中国工商银行（美元户）　　　　　　　　　　533 120

（4）8月15日，按代理进口香水货款CIF价格的2.5％向乙公司收取代理手续费2 040美元，当日汇率为1美元＝6.78元人民币。作会计分录如下：

借：预收账款——乙公司（USD2 040×6.78）　　　　　　　　　　13 831.2
　　贷：其他业务收入——代理手续费收入　　　　　　　　　　　　13 048.3
　　　　应交税费——应交增值税（销项税额）　　　　　　　　　　　782.9

（5）8月25日，香水运达我国口岸，向海关申报应纳进口关税税额54 880元人民币。消费税税额252 000元人民币，增值税税额109 200元人民币（增值税税率13％）。作会计分录如下：

借：预收账款——乙公司　　　　　　　　　　　　　　　　　　　416 080
　　贷：应交税费——应交进口关税　　　　　　　　　　　　　　　54 880
　　　　　　　　——应交消费税　　　　　　　　　　　　　　　　252 000
　　　　　　　　——应交增值税（进项税额）　　　　　　　　　　109 200

（6）8月31日，缴纳代理进口香水的进口关税税额、消费税税额和增值税税额。作会计分录如下：

借：应交税费——应交进口关税　　　　　　　　　　　　　　　　54 880
　　　　　　——应交消费税　　　　　　　　　　　　　　　　　252 000
　　　　　　——应交增值税（进项税额）　　　　　　　　　　　109 200
　　贷：银行存款——中国工商银行　　　　　　　　　　　　　　416 080

（7）8月31日，签发转账支票退还预收乙公司代理进口香水结余款36 088.8元人民币，作会计分录如下：

借：预收账款——乙公司　　　　　　　　　　　　　　　　　　36 088.8
　　贷：银行存款——中国工商银行　　　　　　　　　　　　　　36 088.8

代理进口业务如发生索赔和理赔，其核算方法与自营进口销售相同。

☞ 系统应用举例

一、自营进口商品购进的核算

（一）购汇

12月1日，上海永达国际贸易有限公司从美国骏马公司购入摩托车（排气量＞250毫升）USD90 000，成交方式为FOB价，合同约定使用信用证结算方式。出纳到银行购买外汇USD100 000，当日美元卖出价为6.11，当月美元记账汇率为1美元＝6.12元人民币。请编制会计分录。

借：银行存款——中国农业银行(美元户)(USD100 000×6.12)	612 000
财务费用——汇兑损益	1 000
贷：银行存款——中国农业银行(USD100 000×6.11)	611 000

(二)预存保证金

12月2日,上海永达国际贸易有限公司到银行开立信用证,并按合同金额的30%支付保证金USD27 000,当月美元记账汇率为1美元＝6.12元人民币。请编制会计分录。

| 借：其他货币资金——信用证保证金(USD27 000×6.12) | 165 240 |
| 贷：银行存款——中国农业银行(美元户)(USD27 000×6.12) | 165 240 |

(三)付款赎单

12月5日,上海永达国际贸易有限公司接到银行转来的国外单证,审核无误后,付款赎单,款项为USD90 000。当月美元记账汇率为1美元＝6.12元人民币。请编制会计分录。

借：在途物资——摩托车	550 800
贷：其他货币资金——信用证保证金(USD27 000×6.12)	165 240
银行存款——中国农业银行(美元户)(USD63 000×6.12)	385 560

(四)支付境外运费

12月6日,上海永达国际贸易有限公司支付进口摩托车的境外运费20 000元人民币。请编制会计分录。

| 借：在途物资——摩托车 | 20 000 |
| 贷：银行存款——中国农业银行 | 20 000 |

(五)支付境外保险费

12月6日,上海永达国际贸易有限公司支付进口摩托车的境外保险费USD3 000,当月美元记账汇率为1美元＝6.12元人民币。请编制会计分录。

| 借：在途物资——摩托车 | 18 360 |
| 贷：银行存款——中国农业银行(美元户)(USD3 000×6.12) | 18 360 |

(六)收付外商佣金

(1)收到外商佣金：

12月6日,上海永达国际贸易有限公司收到进口摩托车的中间商佣金USD4 000,当月美元记账汇率为1美元＝6.12元人民币。请编制会计分录。

| 借：银行存款——中国农业银行(美元待核查账户)(USD4 000×6.12) | 24 480 |
| 贷：在途物资——摩托车 | 24 480 |

(2)支付外商佣金：

12月6日,上海永达国际贸易有限公司支付进口摩托车的中间商佣金USD4 000,当月美元记账汇率为1美元＝6.12元人民币。请编制会计分录。

借：在途物资——摩托车 24 480
　　贷：银行存款——中国农业银行(美元户)(USD4 000×6.12) 24 480

（七）支付进口关税

12月8日,上海永达国际贸易有限公司支付进口摩托车的进口关税276 138元人民币,关税税率45%。请编制会计分录。

借：在途物资——摩托车 276 138
　　贷：银行存款——中国农业银行 276 138

（八）支付进口消费税

12月8日,上海永达国际贸易有限公司支付进口摩托车的进口消费税额98 864.22元人民币,消费税税率10%。请编制会计分录。

借：在途物资——摩托车 98 864.22
　　贷：银行存款——中国农业银行 98 864.22

（九）支付进口增值税

12月8日,上海永达国际贸易有限公司支付进口摩托车的进口增值税额141 375.84元人民币,增值税税率13%。请编制会计分录。

借：应交税费——应交增值税(进项税额) 141 375.84
　　贷：银行存款——中国农业银行 141 375.84

（十）支付国内港杂费

12月8日,上海永达国际贸易有限公司支付进口摩托车的国内港杂费500元人民币。请编制会计分录。

借：在途物资——摩托车 500
　　贷：银行存款——中国农业银行 500

或:借：销售费用——港杂费 500
　　　贷：银行存款——中国农业银行 500

（十一）支付国内运费

12月9日,上海永达国际贸易有限公司支付进口摩托车的国内运费1 110元人民币,增值税税率为9%。请编制会计分录。

借：在途物资——摩托车 1 018.35
　　应交税费——应交增值税(进项税额) 91.65
　　　贷：银行存款——中国农业银行 1 110.00

或:借：销售费用——港杂费 1 018.35
　　　应交税费——应交增值税(进项税额) 91.65
　　　　贷：银行存款——中国农业银行 1 110.00

（十二）进口货物验收入库

12月9日，上海永达国际贸易有限公司进口的摩托车验收入库，摩托车入库成本990 160.57元人民币，请编制会计分录。（本题假设是支付外商佣金）

摩托车入库成本＝国外进价550 800＋境外运费20 000＋境外保险费18 360
　　　　　　　＋支付外商佣金24 480＋进口关税27 6138＋进口消费税98 864.22
　　　　　　　＋港杂费500＋国内运费1 018.35
　　　　　　　＝990 160.57(元人民币)

　　借：库存商品——摩托车　　　　　　　　　　　　　　　　990 160.57
　　　　贷：在途物资——摩托车　　　　　　　　　　　　　　　　990 160.57

（十三）索赔

12月10日，上海永达国际贸易有限公司对验收入库的摩托车进行检查，发现摩托车存在一定的瑕疵，与美国骏马公司协商，确定赔偿款为USD5 000，当月美元记账汇率为1美元＝6.12元人民币。请编制会计分录。

　　借：应收账款——应收外汇账款(进口索赔专户)(USD5 000×6.12)　30 600
　　　　贷：营业外收入　　　　　　　　　　　　　　　　　　　　　30 600

或：借：应收账款——应收外汇账款(进口索赔专户)(USD5 000×6.12)　30 600
　　　　贷：库存商品——摩托车　　　　　　　　　　　　　　　　　30 600

二、自营进口销售收入的会计处理

（一）单到结算

(1) 收到银行转来的国外单证，用外汇存款付款赎单：

12月9日，上海永达国际贸易有限公司收到银行转来进口衣服的国外单证，审核无误后，用外汇存款USD10 000付款赎单，当月美元记账汇率为1美元＝6.12元人民币。请编制会计分录。

　　借：在途物资——衣服　　　　　　　　　　　　　　　　　　　61 200
　　　　贷：银行存款——中国农业银行(美元户)(USD10 000×6.12)　61 200

(2) 同时向国内订货单位结算货款：

12月9日，上海永达国际贸易有限公司向上海心怡有限公司办理销售衣服的货款结算174 000元人民币(价税合计)，增值税税率13％。请编制会计分录。

　　借：应收账款——上海心怡有限公司　　　　　　　　　　　　　169 500
　　　　贷：主营业务收入——自营进口销售收入(衣服)　　　　　　　150 000
　　　　　　应交税费——应交增值税(销项税额)　　　　　　　　　　19 500

(3) 支付境外运费：

12月11日，上海永达国际贸易有限公司支付进口衣服的境外运费3 000元人民币。请编制会计分录。

借：在途物资——衣服	3 000
贷：银行存款——中国农业银行	3 000

(4) 支付境外保险费：

12月11日，上海永达国际贸易有限公司支付进口衣服的境外保险费USD500，当月美元记账汇率为1美元＝6.12元人民币。请编制会计分录。

借：在途物资——衣服	3 060
贷：银行存款——中国农业银行（美元户）(USD500×6.12)	3 060

(5) 支付进口关税：

12月12日，上海永达国际贸易有限公司支付进口衣服的进口关税额6 726元人民币，关税税率10%。请编制会计分录。

借：在途物资——衣服	6 726
贷：银行存款——中国农业银行	6 726

(6) 支付进口增值税：

12月12日，上海永达国际贸易有限公司支付进口衣服的进口增值税额9 618.18元人民币，增值税税率13%。请编制会计分录。

借：应交税费——应交增值税（进项税额）	9 618.18
贷：银行存款——中国农业银行	9 618.18

(7) 结转内销成本（进口成本）：

12月13日，上海永达国际贸易有限公司结转内销衣服的成本73 986元人民币。请编制会计分录。

借：主营业务成本——自营进口销售成本（衣服）	73 986
贷：在途物资——衣服	73 986

（二）货到结算

(1) 收到银行转来的国外单证，用外汇存款付款赎单：

12月9日，上海永达国际贸易有限公司收到银行转来进口衣服的国外单证，审核无误后，用外汇存款USD10 000付款赎单，当月美元记账汇率为1美元＝6.12元人民币。请编制会计分录。

借：在途物资——衣服	61 200
贷：银行存款——中国农业银行（美元户）(USD10 000×6.12)	61 200

(2) 接到外运公司通知货到口岸后，即向国内订货单位结算货款：

12月11日，上海永达国际贸易有限公司接到外运公司通知货到口岸后，即向上海心怡有限公司办理销售衣服的货款结算174 000元人民币（价税合计），增值税税率13%。请编制会计分录。

借：应收账款——上海心怡有限公司	169 500
贷：主营业务收入——自营进口销售收入（衣服）	150 000
应交税费——应交增值税（销项税额）	19 500

(3) 支付境外运费：

12月11日，上海永达国际贸易有限公司支付进口衣服的境外运费3 000元人民币。请编制会计分录。

  借：在途物资——衣服   3 000
    贷：银行存款——中国农业银行   3 000

(4) 支付境外保险费：

12月11日，上海永达国际贸易有限公司支付进口衣服的境外保险费USD500，当月美元记账汇率为1美元＝6.12元人民币。请编制会计分录。

  借：在途物资——衣服   3 060
    贷：银行存款——中国农业银行（美元户）(USD500×6.12) 3 060

(5) 支付进口关税：

12月12日，上海永达国际贸易有限公司支付进口衣服的进口关税额6 726元人民币，关税税率10%。请编制会计分录。

  借：在途物资——衣服   6 726
    贷：银行存款——中国农业银行   6 726

(6) 支付进口增值税：

12月12日，上海永达国际贸易有限公司支付进口衣服的进口增值税额9 618.18元人民币，增值税税率13%。请编制会计分录。

  借：应交税费——应交增值税（进项税额）   9 618.18
    贷：银行存款——中国农业银行   9 618.18

(7) 结转内销成本（进口成本）：

12月13日，上海永达国际贸易有限公司结转内销衣服的成本73 986元人民币，请编制会计分录。

  借：主营业务成本——自营进口销售成本（衣服）   73 986
    贷：在途物资——衣服   73 986

(三) 出库结算

(1) 收到银行转来的国外单证，用外汇存款付款赎单：

12月9日，上海永达国际贸易有限公司收到银行转来进口衣服的国外单证，审核无误后，用外汇存款USD10 000付款赎单，当月美元记账汇率为1美元＝6.12元人民币。请编制会计分录。

  借：在途物资——衣服   61 200
    贷：银行存款——中国农业银行（美元户）(USD10 000×6.12) 61 200

(2) 支付境外运费：

12月11日，上海永达国际贸易有限公司支付进口衣服的境外运费3 000元人民币。请编制会计分录。

借：在途物资——衣服　　　　　　　　　　　　　　　　　　　　　　3 000
　　贷：银行存款——中国农业银行　　　　　　　　　　　　　　　　　　　3 000

(3) 支付境外保险费：

12月11日，上海永达国际贸易有限公司支付进口衣服的境外保险费USD500，当月美元记账汇率为1美元=6.12元人民币。请编制会计分录。

借：在途物资——衣服　　　　　　　　　　　　　　　　　　　　　　3 060
　　贷：银行存款——中国农业银行(美元户)(USD500×6.12)　　　　　　3 060

(4) 支付进口关税：

12月12日，上海永达国际贸易有限公司支付进口衣服的进口关税额6 726元人民币，关税税率10%。请编制会计分录。

借：在途物资——衣服　　　　　　　　　　　　　　　　　　　　　　6 726
　　贷：银行存款——中国农业银行　　　　　　　　　　　　　　　　　　　6 726

(5) 支付进口增值税：

12月12日，上海永达国际贸易有限公司支付进口衣服的进口增值税额9 618.18元人民币，增值税税率13%。请编制会计分录。

借：应交税费——应交增值税(进项税额)　　　　　　　　　　　　　9 618.18
　　贷：银行存款——中国农业银行　　　　　　　　　　　　　　　　　　9 618.18

(6) 支付国内运费及港杂费：

12月13日，上海永达国际贸易有限公司支付进口衣服的国内运费1 110元人民币，港杂费500元人民币，运费税率9%。请编制会计分录。

借：在途物资——衣服　　　　　　　　　　　　　　　　　　　　　1 509.09
　　应交税费——应交增值税(进项税额)　　　　　　　　　　　　　　100.91
　　贷：银行存款——中国农业银行　　　　　　　　　　　　　　　　　1 610.00

或：借：销售费用——运费　　　　　　　　　　　　　　　　　　　1 018.35
　　　　　　　——港杂费　　　　　　　　　　　　　　　　　　　　500.00
　　　应交税费——应交增值税(进项税额)　　　　　　　　　　　　　　91.65
　　　贷：银行存款——中国农业银行　　　　　　　　　　　　　　　1 610.00

(7) 产品验收入库：

12月13日，上海永达国际贸易有限公司将进口的75 504.35元人民币衣服验收入库，请编制会计分录。

衣服采购成本=国外进价61 200+境外运费3 000+境外保险费3 060
　　　　　　+进口关税6 726+运费1 018.35+港杂费500
　　　　　=75 504.35(元人民币)

借：库存商品——衣服　　　　　　　　　　　　　　　　　　　　　75 504.35
　　贷：在途物资——衣服　　　　　　　　　　　　　　　　　　　　75 504.35

(8) 确认内销收入：

12月14日，上海永达国际贸易有限公司向上海心怡有限公司办理销售衣服的货款结算174 000元人民币(价税合计)，增值税税率13%。请编制会计分录。

  借：应收账款——上海心怡有限公司   169 500
   贷：主营业务收入——自营进口销售收入(衣服)   150 000
     应交税费——应交增值税(销项税额)   19 500

(9) 结转内销成本(进口成本)：

12月14日，上海永达国际贸易有限公司结转内销衣服的成本75 504.35元人民币。请编制会计分录。

  借：主营业务成本——自营进口销售成本(衣服)   75 504.35
   贷：库存商品——衣服   75 504.35

三、代理进口贸易的会计处理

(一) 收到委托单位预付款

12月1日，上海永达国际贸易有限公司收到委托方上海鑫旺贸易有限公司委托代理进口葡萄酒的预付款项1 100 000元人民币。请编制会计分录。

  借：银行存款——中国农业银行   1 100 000
   贷：预收账款——上海鑫旺贸易有限公司   1 100 000

(二) 购买外汇

12月1日，上海永达国际贸易有限公司购买外汇USD100 000，用于支付代理进口葡萄酒的货款，当日银行卖出价为6.130 0，当月美元记账汇率为1美元＝6.12元人民币。请编制会计分录。

  借：银行存款——中国农业银行(美元户)(USD100 000×6.12) 612 000
     预收账款——上海鑫旺贸易有限公司   1 000
   贷：银行存款——中国农业银行   613 000

(三) 收到进口单证向国外支付货款

12月2日，上海永达国际贸易有限公司收到进口单证后，支付代理进口葡萄酒的外汇货款USD100 000。当月美元记账汇率为1美元＝6.12元人民币。请编制会计分录。

  借：预收账款——上海鑫旺贸易有限公司   612 000
   贷：银行存款——中国农业银行(美元户)(USD100 000×6.12) 612 000

(四) 支付代理进口商品的国外运输费

12月3日，上海永达国际贸易有限公司支付代理进口葡萄酒的国外运输费30 000元人民币。请编制会计分录。

  借：预收账款——上海鑫旺贸易有限公司   30 000
   贷：银行存款——中国农业银行   30 000

(五)支付代理进口商品的国外保险费

12月3日,上海永达国际贸易有限公司支付代理进口葡萄酒的国外保险费USD2 000。当月美元记账汇率为1美元=6.12元人民币。请编制会计分录。

借:预收账款——上海鑫旺贸易有限公司　　　　　　　　　　　　12 240
　　贷:银行存款——中国农业银行(美元户)(USD2 000×6.12)　　　12 240

(六)支付代理进口商品的进口关税

12月11日,上海永达国际贸易有限公司缴纳代理进口葡萄酒的进口关税额130 848元人民币,关税税率为20%。请编制会计分录。

借:预收账款——上海鑫旺贸易有限公司　　　　　　　　　　　　130 848
　　贷:银行存款——中国农业银行　　　　　　　　　　　　　　　130 848

(七)支付代理进口商品的进口消费税

12月11日,上海永达国际贸易有限公司缴纳代理进口葡萄酒的进口消费税额87 232元人民币,消费税税率为10%。请编制会计分录。

借:预收账款——上海鑫旺贸易有限公司　　　　　　　　　　　　87 232
　　贷:银行存款——中国农业银行　　　　　　　　　　　　　　　87 232

(八)支付代理进口商品的进口增值税

12月11日,上海永达国际贸易有限公司缴纳代理进口葡萄酒的进口增值税额113 401.6元人民币,增值税税率为13%。请编制会计分录。

借:预收账款——上海鑫旺贸易有限公司　　　　　　　　　　　　113 401.6
　　贷:银行存款——中国农业银行　　　　　　　　　　　　　　　113 401.6

(九)收取代理手续费

12月12日,上海永达国际贸易有限公司与上海鑫旺贸易有限公司结算代理进口手续费18 360元人民币,代理手续费为3%。请编制会计分录。

借:预收账款——上海鑫旺贸易有限公司　　　　　　　　　　　　18 360.00
　　贷:其他业务收入——代理手续费收入　　　　　　　　　　　　17 320.75
　　　　应交税费——应交增值税(销项税额)　　　　　　　　　　　1 039.25

(十)向委托单位结清余款

12月12日,上海永达国际贸易有限公司退还上海鑫旺贸易有限公司结余的预收款项。请编制会计分录。

结余预收款项=预收货款1 100 000—进口货款612 000—购汇损益1 000
　　　　　　—国外运输费30 000—国外保险费12 240—进口关税130 848
　　　　　　—进口消费税87 232—进口增值税113 401.6—代理手续费18 360
　　　　　=94 918.4(元人民币)

借:预收账款——上海鑫旺贸易有限公司　　　　　　　　　　　　94 918.4
　　贷:银行存款——中国农业银行　　　　　　　　　　　　　　　94 918.4

（十一）计提代理手续费应支付的税金及附加

12月31日，上海永达国际贸易有限公司计提税金及附加，本期增值税113 401.6元人民币，城市维护建设税14 044.352元人民币，教育费附加6 019.008元人民币，地方教育附加4 012.672元人民币。请编制会计分录。

借：税金及附加　　　　　　　　　　　　　　　　　　24 076.032
　　贷：应交税费——应交城市维护建设税　　　　　　　14 044.352
　　　　　　　　——应交教育费附加　　　　　　　　　 6 019.008
　　　　　　　　——应交地方教育附加　　　　　　　　 4 012.672

或：借：其他业务成本　　　　　　　　　　　　　　　　24 076.032
　　贷：应交税费——应交城市维护建设税　　　　　　　14 044.352
　　　　　　　　——应交教育费附加　　　　　　　　　 6 019.008
　　　　　　　　——应交地方教育附加　　　　　　　　 4 012.672

（十二）向国外出口方索赔

12月31日，上海永达国际贸易有限公司收到上海服装贸易有限公司委托代理的衣服后，发现衣服存在质量问题，与出口方美国黑旗公司协商赔偿，赔偿方案得到委托方的同意后，确定赔偿款项为USD1 000，当月美元记账汇率为1美元＝6.12元人民币。请编制会计分录。

借：应收账款——应收外汇账款（美国黑旗公司）（USD1 000×6.12）　　6 120
　　贷：预收账款——上海服装贸易有限公司　　　　　　　　　　　　　6 120

本章小结

> 进口贸易业务也是外贸企业的一项重要业务。进口贸易与出口贸易相辅相成，相互制约。随着进口贸易而发生的各项经济活动，构成了进口贸易活动的各种不同类型。按照经营模式的不同，进口贸易基本分为自营进口和代理进口。
>
> 自营进口是进口企业用外汇进口境外商品，销售给国内客户的进口业务。商品进口后比照国内同类商品协商作价，其盈亏由进口企业承担。而代理进口则是受托人（有进口经营资格的企业）依据委托人的授权，以自己的名义为委托人设定权利和义务，并由委托人承担风险和享有收益的进口业务。受托人依照代理进口商品的到岸价格CIF收取一定比例的手续费，发生的佣金、索赔款等均全部划转给委托人。代理进口盈亏由委托人承担。
>
> 本章重点介绍了进口贸易的种类、一般进口贸易程序中的财务工作、进口贸易单证、进口业务的管理、自营进口销售的会计处理和代理进口业务的会计处理。

自营进口　　代理进口　　单到结算　　货到结算　　出库结算　　销售退回　　索赔理赔

 思考题

1. 什么是进口贸易?
2. 进口贸易的种类有哪些?
3. 简述一般进口贸易程序中的财务工作。
4. 简述自营进口在途物资成本的构成。
5. 简述自营进口销售收入的确认及三种不同确认时间。
6. 简述代理进口业务的会计核算特点。
7. 简述代理进口业务的销售收入确认。

 实训操作

一、自营进口商品购进的核算

1. 购汇
2. 预存保证金
3. 支付外汇货款
4. 支付国外运输费
5. 支付国外保险费
6. 缴纳进口关税、进口消费税、进口增值税
7. 支付港杂费与内陆运费
8. 商品验收入库

二、自营进口销售收入的核算

1. 单到结算

(1) 单到结算——支付外汇货款。
(2) 单到结算——确认进口商品内销。
(3) 单到结算——支付购货佣金。
(4) 单到结算——缴纳进口关税、进口增值税。
(5) 单到结算——支付港杂费、内陆运费。
(6) 单到结算——结转内销商品销售成本。
(7) 单到结算——收到货款。

2. 货到结算

(1) 货到结算——支付外汇货款。
(2) 货到结算——确认进口商品内销。
(3) 货到结算——支付国外保险费。
(4) 货到结算——缴纳进口关税、进口增值税。
(5) 货到结算——支付港杂费、内陆运费。
(6) 货到结算——结转内销商品销售成本。

(7) 货到结算——收到货款。

3. 出库结算

(1) 出库结算——支付外汇货款。

(2) 出库结算——支付国外运输费。

(3) 出库结算——支付国外保险费。

(4) 出库结算——缴纳进口关税、进口消费税、进口增值税。

(5) 出库结算——支付港杂费、内陆运费。

(6) 出库结算——商品验收入库。

(7) 出库结算——内销商品。

(8) 出库结算——结转内销商品销售成本。

(9) 出库结算——收到销售货款。

三、代理进口贸易的核算

1. 收到预收款

2. 购汇

3. 支付外汇货款

4. 支付代理进口关税、消费税与增值税

5. 确认代理手续费收入

6. 退换结余预收款项

7. 计提税金及附加

第六章 加工贸易会计

学习目的与要求

(1) 理解加工贸易的基本概念和分类。
(2) 理解我国对加工贸易实行的基本政策。
(3) 熟悉加工贸易的基本流程。
(4) 掌握进料加工的会计处理。
(5) 掌握来料加工的会计处理。

重点

进料加工和来料加工的会计处理。

难点

(1) 委托加工和作价加工的会计处理。
(2) 掌握加工贸易的相关术语。
(3) 待核查账户、外汇账户。

导　读

　　加工贸易是我国对外贸易的重要组成部分,是我国吸引外商直接投资,承接国际产业转移与国际分工和国际竞争的主要方式。
　　那么,到底什么是加工贸易?加工贸易有几种类型?加工贸易如何进行会计处理?本章内容回答了这几个问题。

第一节 加工贸易概述

一、加工贸易的概念

根据《中华人民共和国海关加工贸易货物监管办法》(海关总署令第219号)的规定,加工贸易是指经营企业进口全部或者部分原辅材料、零部件、元器件、包装物料等(统称料件),经加工或装配后,将制成品复出口的经营活动,包括进料加工、来料加工等。

二、加工贸易的分类

加工贸易可以通过各种不同的方式,进口原料、材料或零件,利用本国的生产能力和技术,加工成成品后再出口,从而获得以外汇体现的附加价值。加工贸易是以加工为特征的再出口业务,按照所承接的业务特点不同,常见的加工贸易方式包括:进料加工、来料加工、装配业务和协作生产。

(一)进料加工

进料加工又称以进养出,是指用外汇购入国外的原材料、辅料,利用本国的技术、设备和劳力,加工成成品后,销往国外市场。

这类业务中,经营企业以买主的身份与国外签订购买原材料的合同,又以卖主的身份签订成品的出口合同。两个合同体现为两笔交易,它们都是以所有权转移为特征的货物买卖。进料加工贸易要注意所加工的成品在国际市场上要有销路。否则,进口原料外汇很难平衡,从这一点看进料加工要承担价格风险和成品的销售风险。

(二)来料加工

来料加工是指外商提供全部原材料、辅料、零部件、元器件、配套件和包装物料,必要时提供设备,由承接方按外商的要求进行加工装配,成品交付外商销售,承接方收取工缴费,外商提供的作价设备价款,承接方用工缴费偿还的业务。

来料加工有的是全部由对方来料,有的是一部分由对方来料,另一部分由加工方采用本国原料的辅料。此外,有时对方只提出式样、规格等要求,而由加工方使用当地的原、辅料进行加工生产。这种做法常被称为"来样加工"。

(三)装配业务

装配业务是指由一方提供装配所需设备、技术和有关元件、零件,由另一方装配为成品后交货。来件装配的形式有四种:委托方提供元件、零部件,受托方装配成成品、按要求定牌

(即贴牌生产)或不定牌;委托方除了提供元件、零部件外,还为受托方代购机器;委托方投资兴建工厂;双方均提供元件和零部件。

装配业务包括两个贸易进程:一是进口原料;二是产品出口。但这两个过程是同一笔贸易的两个方面,而不是两笔交易。原材料的提供者和产品的接受者是同一家企业,交易双方不存在买卖关系,而是委托加工关系,加工一方赚取的是劳务费,因而这类贸易属于劳务贸易范畴。加工一方的好处有:可以发挥本国劳动力资源丰裕的优势,提供更多的就业机会;可以补充国内原料不足,充分发挥本国的生产潜力;可以通过引进国外的先进生产工艺,借鉴国外的先进管理经验,提高本国技术水平和产品质量,提高本国产品在国际市场的适销能力和竞争能力。当然,装配业务只是一种初级阶段的劳务贸易,加工方只能赚取装配费,产品从原料转化为成品过程中的附加价值,基本被对方占有。由于这种贸易方式风险小,在中国开展得比较广泛,获得了较好的经济效益。

(四)协作生产

协作生产是指一方提供部分配件或主要部件,由另一方利用本国生产的其他配件组装成一件产品出口。

协作生产的商标可由双方协商确定,既可用加工方的,也可用对方的。所供配件的价款可在货款中扣除。协作生产的产品一般规定由对方销售全部或一部分,也可规定由第三方销售。

三、我国对加工贸易实行的基本政策

我国为支持加工贸易的发展,提供了一些基本优惠政策,主要但不仅限于以下四个方面:

(1)对加工贸易进口料件实行保税政策。

(2)对加工贸易进口料件实行宽松的贸易政策,除极少数敏感商品外,对加工贸易进口料件不实行数量限制,即原则上不实行配额许可证管理。

(3)除国家规定不予免税的少数商品外,对外商免费提供的加工贸易进口设备,免征关税和进口环节增值税。

(4)加工贸易项下进口不受一般贸易进口经营分工管理规定的限制,经营企业可自行组织进口。

四、加工贸易的基本流程

(一)合同备案

1. 合同备案的基本程序

经贸部门审批→向海关服务中心购买空白登记手册→合同预录入→海关审核后开具开设保证金台账联系单→向中国银行申请设立台账→海关核注银行签发的台账登记通知单→海关进行计算机异地传输→收到传输成功回执后核发登记手册。

合同经备案后,外贸企业进行加工贸易时还需要经过相应的审批程序,如图6-1所示。

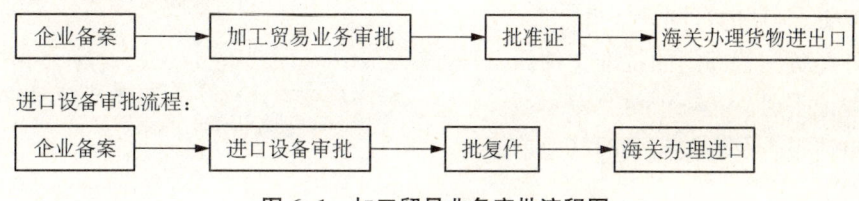

图6-1 加工贸易业务审批流程图

2. 合同备案所需单证

(1) 经营单位申请报告。

(2) 外经贸主管部门的批准证,属于进料加工的需要加盖税务部门印章。

(3) 对外签订的进出口合同。

(4) 经营单位基本账户开立证明。

(5) 加工企业所在地经贸部门出具的加工生产能力证明。

(6) 委托加工应提供经营单位与加工企业签订的符合《中华人民共和国合同法》的委托加工合同(协议)。

(7) 开展异地加工贸易,须提供经营单位所在地海关出具的关封,内含异地加工申请表一式两份。

(8) 首次开展加工贸易须提供经营单位和加工企业的营业执照、税务登记证复印件及海关登记通知书。

(9) 经营单位的介绍信或委托书。

(10) 加工工艺说明。

(11) 如需异地口岸进出口报关,须填写异地报关申请表。

(12) 海关需要的其他资料。

(二) 合同核销

1. 合同销售基本流程

合同执行完毕后一个月内企业向海关申请核销→预录入→海关审核→签发台账核销联系单→中国银行销账→海关核销结案→打印结案通知书。

2. 合同销售所需单证

(1) 经营单位申请核销报告。

(2) 进出口报关单。

(3) 登记手册。

(4) 海关需要的其他单证,如核算表、划料图等反映实际加工情况的资料。

(三) 合同变更和展期

1. 变更和展期的基本流程

经贸部门审批→向海关服务中心变更预录入→海关审核→签发台账变更联系单→中国银行台账回执→异地传输→传输成功后打印合同变更审批表。

2. 变更和展期所需单证

（1）填写合同变更申请表或合同延期申请表，加盖经营单位公章。

（2）变更、延期的合同。

（3）外经贸主管部门的批准文件。

（4）登记手册。

（5）申请报告及海关需要的其他单证。

第二节　进料加工及会计处理

一、进料加工的概念及特点

（一）进料加工的概念

进料加工是指国内具有外贸经营权的单位用外汇购买进口部分或全部原料、材料、辅料、元器件、配套件和包装物料加工成成品或半成品后再返销出口国外市场的业务。

这类业务中，经营的企业以买主的身份与国外签订购买原材料的合同，又以卖主的身份签订成品的出口合同。两个合同体现为两笔交易，它们都是以所有权转移为特征的货物买卖。进料加工贸易要注意所加工的成品在国际市场上要有销路。否则，进口原料外汇很难平衡，从这一点看进料加工要承担价格风险和成品的销售风险。

（二）进料加工的特点

（1）产品加工所耗用的原材料及备件部分或全部来自境外，加工后的产品必须销售到境外。

（2）用外汇购进的进口原料，零部件必须加工成成品后出口。

（3）进口料件保税。根据国家政策，加工贸易的进口料件不需要缴纳进口环节的各项税款。

（4）经营人必须是经主管部门或其授权主管部门批准的具有外贸出口经营权的进出口公司，其他单位和个人不得经营。进口的料件和加工的成品的所有权归经营人，经营人自负盈亏。

（5）料件进口后，属于海关监管货物，不能与国内货物或其他进口货物混杂在一起，必须单独记账。未经海关批准，进口企业不得在国内销售。

二、进料加工的会计处理

进料加工的主要环节包括以下几个方面：购买原材料和辅料，利用本国的技术、设备和劳动力,将原料加工成成品,再进行出口销售。

(一) 采购原材料

1. 进口原材料

【例 6-1】 12 月 1 日,甲外贸公司与乙外贸公司签订进料加工复出口协议,进口一批大豆 USD100 000,当月记账汇率为 1 美元＝6.30 元人民币,免征进口关税、进口增值税,货未入库,款未支付。请编制会计分录。

　　借：在途物资——大豆　　　　　　　　　　　　　　　　　　　　630 000
　　　　贷：应付账款——应付外汇账款(乙外贸公司)(USD100 000×6.30)　630 000

2. 支付货款

【例 6-2】 12 月 4 日,甲外贸公司用外汇支付(中国农业银行)本月进口大豆所欠乙外贸公司的货款 USD100 000,当月记账汇率为 1 美元＝6.30 元人民币。请编制会计分录。

　　借：应付账款——应付外汇账款(乙外贸公司)(USD100 000×6.30)　630 000
　　　　贷：银行存款——中国农业银行(美元户)(USD100 000×6.30)　　630 000

3. 原材料入库

【例 6-3】 12 月 10 日,甲外贸公司将进口的大豆验收入库,进口大豆采购成本为 630 000 元人民币。请编制会计分录。

　　借：原材料——大豆　　　　　　　　　　　　　　　　　　　　　630 000
　　　　贷：在途物资——大豆　　　　　　　　　　　　　　　　　　　630 000

(二) 委托加工

进料加工贸易的加工环节主要有委托加工和作价加工两种加工方式。

委托加工是指由委托方提供原料和主要材料(或由生产提供单位自行采购原料),受托方只代垫部分辅助材料,按照委托方的要求加工货物并收取加工费的经营活动。

为核算委托加工业务,外贸企业应设置"委托加工物资"科目。该科目属于资产类科目,借方记录各项委托加工料件的成本,贷方记录委托加工物资加工完成后的结转数。委托加工物资的成本包括采购委托加工物资的成本和委托加工费用。委托加工物资完工入库后,成为企业的库存商品,可以进行复出口业务。

1. 委托加工——委托加工料件

【例 6-4】 12 月 12 日,甲外贸公司委托丙加工公司将大豆加工为豆油,大豆采购成本为 630 000 元人民币。请编制会计分录。

　　借：委托加工物资——豆油　　　　　　　　　　　　　　　　　　630 000
　　　　贷：原材料——大豆　　　　　　　　　　　　　　　　　　　　630 000

2. 委托加工——支付委托加工费

【例 6-5】 承[例 6-4],12 月 18 日,甲外贸公司向丙加工公司(中国农业银行户)支付加工费 20 000 元人民币(不含税金额),增值税税率为 13%。请编制会计分录。

借：委托加工物资——豆油	20 000
应交税费——应交增值税(进项税额)	2 600
贷：银行存款——中国农业银行	22 600

3. 委托加工——委托加工物资完工入库

【例 6-6】 承[例 6-4][例 6-5]，12 月 20 日，甲外贸公司委托加工的豆油已完工，并验收入库。请计算豆油的成本并编制会计分录。

豆油的成本＝采购成本 630 000＋加工费 20 000＝650 000(元人民币)

借：库存商品——豆油	650 000
贷：委托加工物资——豆油	650 000

4. 进料加工产成品复出口

【例 6-7】 承[例 6-6]，12 月 25 日，甲外贸公司将作价加工好的豆油复出口给乙外贸公司，货款 USD120 000 未收，销售成本为 650 000 元人民币，当月记账汇率为 1 美元＝6.3 元人民币。请编制会计分录。

确认进料加工复出口的销售收入：

借：应收账款——应收外汇账款(乙公司)(USD120 000×6.3)	756 000
贷：主营业务收入——进料加工销售收入(豆油)	756 000

结转进料加工复出口的销售成本：

借：主营业务成本——进料加工销售成本(豆油)	650 000
贷：库存商品——豆油	650 000

(三) 作价加工

作价加工是指将国内或者国外采购的主辅料件销售给加工厂，并与加工厂签订加工合同，加工成成品后，将主辅料费用和加工费合并核算，再采购回来(采购价格内含加工费)的业务。

但对于由受托方提供原材料生产的产品，或者受托方先将原材料卖给委托方，然后再接受加工的产品，以及由受托方以委托方名义购进原材料生产的产品，不论在财务上是否作销售处理，都不得作为委托加工产品，而应当按照销售自制产品征收增值税。

1. 将进口原材料作价加工

【例 6-8】 12 月 14 日，甲外贸公司将进口的小麦按实际成本作价给丁外贸公司加工为面粉，材料已出库，小麦采购成本为 580 000 元人民币，增值税税率为 13％。请编制会计分录。

确认作价加工销售收入：

借：应收账款——丁公司	655 400
贷：其他业务收入——进料作价销售收入(小麦)	580 000
应交税费——应交增值税(销项税额)	75 400

结转作价加工销售成本：

借：其他业务成本——进料作价销售成本(小麦)	580 000
贷：原材料——小麦	580 000

2. 进口材料加工完工入库

【例6-9】 承[例6-8]，12月25日，甲外贸公司将作价加工完工的面粉验收入库，该批面粉的含税金额为737 000元人民币，增值税税率为13%。请编制会计分录。

借：库存商品——面粉　　　　　　　　　　　　　　　　670 000
　　应交税费——应交增值税（进项税额）　　　　　　　　87 100
　　贷：应收账款——丁公司　　　　　　　　　　　　　655 400
　　　　银行存款　　　　　　　　　　　　　　　　　　101 700

第三节　来料加工及会计处理

一、来料加工的概念及特点

（一）来料加工的概念

来料加工是指外商提供全部原材料、辅料、零部件、元器件、配套件和包装物料，必要时提供设备，由承接方按外商的要求进行加工装配，成品交付外商销售，承接方收取工缴费，外商提供的作价设备价款由承接方用工缴费偿还的业务。

（二）来料加工的特点

来料加工贸易可以看作是以商品为载体的国际劳务贸易，有如下特点：
(1) 来料加工进口的设备，材料等不动用外汇，国内企业不需付款。
(2) 来料加工进口的设备，材料属保税货物，由海关监管。
(3) 来料加工进口的设备，材料等所有权属外方，国内企业对货物除进行加工生产外，无处置权。
(4) 进口与出口有密切的内在联系，外方是料件的供应人又是成品的接受人，是连在一起的交易，其合同不是买卖合同而是加工合同。
(5) 中外方是委托加工关系，其交易是经济效果由外方承担盈亏责任，中方不负责盈亏。

（三）来料加工的方式

(1) 全部来料来件的加工装配。国外委托方提供全部原辅材料和元器件，由承接方企业加工后，将成品交给国外委托方，制件和成品均不计价，承接方按合同收取工缴费。
(2) 部分来料来件的加工装配。国外委托方要求加工装配的成品中部分料件需由承接方提供，承接方除收取工缴费外，还应收取所提供料件的价款。
(3) 对口合同，各作各价。国外委托方和承接方签署两份对口合同。一份是委托方提供的原辅材料和元器件的销售合同;另一份是承接方出口成品的合同。对于全部来料来件,两份合同的差价即为工缴费,对于部分来料来件,两份合同的差价,既包括工缴费,也包括国内承接方所提供料件的价款。以对口合同方式进行的加工装配贸易,必须在合同中表明。承接方无需支付外汇。

二、来料加工进出口货物的报关手续

来料加工项下货物进出口时应向海关提交下列单证:

(1) 填有进出口货物数量、价值、规格等项目并带有经海关认可的报关单位签章的"来料加工进出口货物专用报关单"一式三份。

(2) 来料加工进出口货物登记手册。

(3) 进出口货物的运单、发票、装箱单及海关认为必要的其他单证。

海关对上述单证进行审核,如无不符合规定的,对进口货物予以放行。

如果合同规定的数量或重量允许有一定比例的上下幅度,那么,在幅度之内的多进口部分,如申报人如实填报来料加工进出口货物登记手册和进出口货物的报关单,海关照数放行。超出上述范围的多进口部分,海关按一般进口货物对待。申报的,应办理进口纳税手续,其中属领证商品的,还应交验进口货物许可证。

三、来料加工与进料加工的区别

(一) 业务实质不同

来料加工是一种委托加工业务;而进料加工是一种购进和销售业务。来料加工的双方是委托加工关系。来料加工的料件由外商提供,其所有权属于外商,其交易的经济效果由外商承担盈亏责任,经营企业通过自己或通过"加工企业"按外商要求加工,收取工缴费,不负责盈亏,对货物也无处置权;而进料加工是经营单位动用外汇购买进口料件,拥有货物所有权,自负盈亏,经营单位要承担价格风险和销售风险。

(二) 合同方式不同

来料加工一般是进口原材料与出口产成品签订一笔进出口合同;而进料加工一般进口原材料签订一笔进口合同,出口产成品签订一笔出口合同,进出口合同之间没有实际联系。

(三) 客户对象不同

来料加工进口和出口一般是同一个客户;而进料加工进口原材料和出口产成品的客户一般不同。

(四) 增值税税收处理不同

来料加工复出口货物,实行"不征不退"的方式。进口时免征增值税,出口时免征增值税,收取的加工费免征增值税,因为是免税收入,所以其对应的国内货物所支付的进项税额不得抵扣,不涉及出口退税。

进料加工复出口货物,实行"先征后退"的方式。进口时免征增值税,出口时按免抵退税办法计算出口退税,但要考虑进口时免税购进的原材料部分来计算"当期不得免征和抵扣税额抵减额"和"当期免抵退税额抵减额"。

四、来料加工的会计处理

按照对外签订合同和应承担的任务,来料加工的经营形式分为代理业务形式和自营业务形式。

(一) 代理业务形式的会计处理

代理业务形式是指由外贸公司与加工企业对外签订合同,外商提供一切原辅料、包装材料等,通过外贸公司交工厂加工成成品,由外贸公司和工厂同时向对方收取工缴费的形式。在这种形式下,外贸公司不是主体,材料不对外作价,全在备查账簿中处理,出口阶段按代理方式入账。

1. 代理加工产品复出口

【例 6-10】 12 月 3 日,北京 XYZ 有限公司代理了一批来料加工(来料不作价)后,由郑州开发区服装有限公司加工,并将加工完成的裙子复出口给 ABC(海外外贸)公司。合同规定本次来料加工业务总费用为 USD23 000,其中代理费率为 2.5%,当月记账汇率为 1 美元=6.30 元人民币。请编制会计分录。

借:应收账款——应收外汇账款(ABC 公司)(USD23 000×6.30)　144 900.0
　贷:其他业务收入——代理手续费收入　　　　　　　　　　　3 622.5
　　　应付账款——国内(郑州开发区服装有限公司)　　　　141 277.5

2. 代垫运费

【例 6-11】 承[例 6-10],12 月 5 日,北京 XYZ 有限公司为郑州开发区服装有限公司代垫国内运费 1 500 元人民币,由中国农业银行人民币户支出。请编制会计分录。

借:应付账款——国内(郑州开发区服装有限公司)　　　　1 500
　贷:银行存款——中国农业银行　　　　　　　　　　　　1 500

3. 收到加工工缴费至待核查账户

【例 6-12】 承[例 6-11],12 月 8 日,北京 XYZ 有限公司收到 ABC(海外外贸)公司转来的加工工缴费外汇 USD23 000,当月记账汇率为 1 美元=6.30 元人民币,收款账户为中国农业银行。请编制会计分录。

借:银行存款——中国农业银行(美元待核查账户)(USD23 000×6.30)　144 900
　贷:应收账款——应收外汇账款(ABC 公司)(USD23 000×6.30)　　144 900

4. 待核查账户货款转至外汇账户

【例 6-13】 承[例 6-12],12 月 9 日,北京 XYZ 有限公司美元待核查账户的款项经银行审核后,划转到外汇账户,当月记账汇率为1美元=6.30元人民币。请编制会计分录。

  借:银行存款——中国农业银行(美元户)(USD23 000×6.30) 144 900
   贷:银行存款——中国农业银行(美元待核查账户)(USD23 000×6.30) 144 900

5. 结汇

【例6-14】承[例6-13],12月10日,北京XYZ有限公司收到银行的结汇通知(合同规定结汇的汇兑损益由郑州开发区服装有限公司承担),结汇款项为USD23 000,当日买入价为1美元=6.29元人民币,当月记账汇率为1美元=6.3元人民币。请编制会计分录。

  借:银行存款——中国农业银行(USD23 000×6.29) 144 670
   应付账款——国内(郑州开发区服装有限公司) 230
  贷:银行存款——中国农业银行(美元户)(USD23 000×6.3) 144 900

6. 与加工厂结算加工费

【例6-15】承[例6-14],12月15日,北京XYZ有限公司与郑州开发区服装有限公司结算委托加工费139 547.5元人民币。请编制会计分录。

  委托加工费=加工费141 277.5-代垫运费1 500-代垫结汇汇兑损益230
     =139 547.5(元人民币)

  借:应付账款——国内(郑州开发区服装有限公司) 139 547.5
   贷:银行存款——中国农业银行 139 547.5

(二) 自营业务形式的会计处理

自营业务形式是指由外贸公司独立对外签订合同,由外贸公司承担加工补偿业务,组织工厂生产,外贸公司作自营,收取工缴费收入或以引进设备生产的商品偿还引进设备等价款的形式。

1. 进口加工原材料

【例6-16】12月1日,北京XYZ有限公司以自营来料加工(来料作价)形式接受ABC(海外外贸)公司的来料加工,进口布料一批,免征进口关税、进口增值税,同时货款USD260 000未付。当月记账汇率为1美元=6.30元人民币。请编制会计分录。

  借:在途物资——布料(USD260 000×6.30) 1 638 000
   贷:应付账款——应付外汇账款(ABC公司) 1 638 000

2. 进口原材料入库

【例6-17】承[例6-16],12月10日,北京XYZ有限公司将进口布料验收入库。请编制会计分录。

  借:原材料——布料 1 638 000
   贷:在途物资——布料 1 638 000

3. 委托加工进口原材料

【例6-18】承[例6-17],12月11日,北京XYZ有限公司将进口布料按实际成本作价给北京外贸服装有限公司加工为西服套装。请编制会计分录。

借：委托加工物资——西服套装　　　　　　　　　　　　　　　1 638 000
　　贷：原材料——布料　　　　　　　　　　　　　　　　　　　1 638 000

4. 支付委托加工费

【例6-19】 承[例6-18]，12月20日，北京XYZ有限公司向北京外贸服装有限公司支付加工费123 000，由中国农业银行人民币户支付。请编制会计分录。

借：委托加工物资——西服套装　　　　　　　　　　　　　　　　123 000
　　贷：银行存款——中国农业银行　　　　　　　　　　　　　　　123 000

5. 委托加工物资完工入库

【例6-20】 承[例6-19]，12月21日，北京XYZ有限公司收到北京外贸服装有限公司加工好的西服套装，并验收入库。请编制会计分录。

西服套装的成本＝原材料1 638 000＋加工费123 000＝1 761 000（元人民币）

借：库存商品——西服套装　　　　　　　　　　　　　　　　　1 761 000
　　贷：委托加工物资——西服套装　　　　　　　　　　　　　　1 761 000

6. 来料加工产成品复出口

【例6-21】 承[例6-20]，12月24日，北京XYZ有限公司将加工好的西服套装复出口给ABC（海外外贸）公司，售价为USD250 000，当月记账汇率为1美元＝6.30元人民币。请编制会计分录。

（1）确认来料加工复出口的销售收入：

借：应收账款——应收外汇账款（ABC公司）（USD250 000×6.30）　1 575 000
　　贷：主营业务收入——来料加工销售收入（西服套装）　　　　　1 575 000

（2）结转进料加工复出口的销售成本：

借：主营业务成本——来料加工销售成本（西服套装）　　　　　　1 761 000
　　贷：库存商品——西服套装　　　　　　　　　　　　　　　　1 761 000

☞ 系统应用举例

一、进料加工会计核算

（一）进口料件的会计处理

1. 进口料件

12月8日，上海都宝实业有限公司与美国莱特食品有限公司签订进料加工复出口协议，进口玉米USD20 000，当月美元记账汇率为6.120 0，免征进口关税、进口增值税，货未入库，款未支付。请编制会计分录。

借：在途物资——玉米　　　　　　　　　　　　　　　　　　　　122 400
　　贷：应付账款——应付外汇账款（美国莱特食品有限公司）（USD20 000
　　　　　　　　　　　　　　　　　　　　　　　×6.120 0）　122 400

2. 支付货款

12月11日,上海都宝实业有限公司用外汇支付本月进口玉米所欠美国莱特食品有限公司的货款USD20 000,当月美元记账汇率为6.120 0。请编制会计分录。

借:应付账款——应付外汇账款(美国莱特食品有限公司)(USD20 000
　　　　　　　　　　　　　　　　　　　　　　　×6.120 0)　122 400
　贷:银行存款——中国农业银行(美元户)(USD20 000×6.120 0)　122 400

3. 进口料件入库

12月13日,上海都宝实业有限公司将进口的玉米验收入库,进口玉米采购成本为122 400元人民币。请编制会计分录。

借:原材料——玉米　　　　　　　　　　　　　　　　　　　　　122 400
　贷:在途物资——玉米　　　　　　　　　　　　　　　　　　　　122 400

(二)进口料件加工的会计处理

1. 委托加工

1)调拨进口料件

12月14日,上海都宝实业有限公司委托上海果蔬加工厂将玉米加工为无水柠檬酸,玉米采购成本为122 400元人民币。请编制会计分录。

借:委托加工物资——无水柠檬酸　　　　　　　　　　　　　　　122 400
　贷:原材料——玉米　　　　　　　　　　　　　　　　　　　　　122 400

2)支付加工费

12月16日,上海都宝实业有限公司向上海果蔬加工厂支付加工费5 000元人民币(不含税金额),增值税税率为13%。请编制会计分录。

借:委托加工物资——无水柠檬酸　　　　　　　　　　　　　　　　5 000
　　应交税费——应交增值税(进项税额)　　　　　　　　　　　　　　650
　贷:银行存款——中国农业银行(人民币户)　　　　　　　　　　　5 650

3)加工成品入库

12月17日,上海都宝实业有限公司委托加工的无水柠檬酸已完工,并验收入库,无水柠檬酸的成本为127 400元人民币。请编制会计分录。

无水柠檬酸的成本=采购成本122 400+加工费5 000=127 400(元人民币)

借:库存商品——无水柠檬酸　　　　　　　　　　　　　　　　　127 400
　贷:委托加工物资——无水柠檬酸　　　　　　　　　　　　　　　127 400

2. 作价加工

1)调拨进口料件

12月14日,上海都宝实业有限公司将进口的玉米按实际成本作价给上海果蔬加工厂加工为无水柠檬酸,材料已出库,玉米采购成本为122 400元人民币,增值税税率为13%。请编制会计分录。

确认作价加工销售收入：

借：应收账款——上海果蔬加工厂　　　　　　　　　　　　　　138 312
　　贷：其他业务收入——进料加工销售收入（玉米）　　　　　122 400
　　　　应交税费——应交增值税（销项税额）　　　　　　　　 15 912

结转作价加工销售成本：

借：其他业务成本——进料加工销售成本（玉米）　　　　　　　122 400
　　贷：原材料——玉米　　　　　　　　　　　　　　　　　　122 400

2）加工成品入库

12月17日，上海都宝实业有限公司将作价加工的无水柠檬酸验收入库，该批无水柠檬酸的含税金额为152 100元人民币，增值税税率为13%。请编制会计分录。

借：库存商品——无水柠檬酸　　　　　　　　　　　　　　　134 601.8
　　应交税费——应交增值税（进项税额）　　　　　　　　　 17 498.2
　　贷：应收账款——上海果蔬加工厂　　　　　　　　　　　152 100.0

（三）进口料件加工成品后复出口的会计处理

12月18日，上海都宝实业有限公司将作价加工好的无水柠檬酸复出口给美国莱特食品有限公司，货款USD35 000未收，销售成本为131 120.7元人民币，当月美元记账汇率为6.120 0。请编制会计分录。

确认进料加工复出口的销售收入：

借：应收账款——应收外汇账款（美国莱特食品有限公司）（USD35 000
　　　　　　　　　　　　　　　　　　　　　×6.120 0）　214 200
　　贷：主营业务收入——进料加工出口销售收入（无水柠檬酸）　214 200

确认进料加工复出口的销售成本：

借：主营业务成本——进料加工出口销售成本（无水柠檬酸）　　131 120.7
　　贷：库存商品——无水柠檬酸　　　　　　　　　　　　　131 120.7

二、来料加工的会计核算

（一）收到外商不计价原辅料

12月1日，上海都宝实业有限公司会同上海食品加工厂与美国莱特食品有限公司签订来料加工复出口协议，进口玉米30 000千克，货款USD10 000，当月美元记账汇率为6.120 0，免征进口关税、进口增值税。12月3日，上海都宝实业有限公司收到玉米30 000千克，并验收入库。请编制会计分录。

在备查账簿作单式记账：

借：外商来料——玉米　　　　　　　　　　　　　　　　　　30 000千克

（二）将外商来料拨给加工厂

12月3日，上海都宝实业有限公司将玉米30 000千克拨给加工厂。请编制会计分录。

在备查账簿记账：

借：拨出来料——玉米 30 000 千克
　　贷：外商来料——玉米 30 000 千克

（三）加工厂交来产成品

12月10日，上海都宝实业有限公司收到上海食品加工厂加工完成的无水柠檬酸15 000千克，请编制会计分录。

在备查账簿记账：

借：代管物资——无水柠檬酸 15 000 千克
　　贷：拨出来料——玉米 30 000 千克

（四）对外出口托运

12月11日，上海都宝实业有限公司办理对外出口托运，无水柠檬酸15 000千克已出库。请编制会计分录。

在备查账簿记账：

借：代管物资——发出商品（无水柠檬酸） 15 000 千克
　　贷：代管物资——无水柠檬酸 15 000 千克

（五）产成品复出口

12月11日，上海都宝实业有限公司将加工完成的15 000千克无水柠檬酸复出口给美国莱特食品有限公司，合同规定本次来料加工业务总费用为USD3 000，其中代理费率为3%，本月美元记账汇率为6.120 0。请编制会计分录。

借：应收账款——应收外汇账款（美国莱特食品有限公司）(USD3 000
　　　　　　　　　　　　　　　　　　　　　　　　　×6.120 0) 18 360.0
　　贷：其他业务收入——代理手续费收入 550.8
　　　　应付账款——上海食品加工厂 17 809.2

同时在备查账簿记账：

贷：代管物资——发出商品（无水柠檬酸） 15 000 千克

（六）代垫国内运费

12月11日，上海都宝实业有限公司为上海食品加工厂代垫国内运费1 000元人民币。请编制会计分录。

借：应付账款——上海食品加工厂 1 000
　　贷：银行存款——中国农业银行（人民币户） 1 000

（七）收到加工工缴费（收汇至待核查账户）

12月13日，上海都宝实业有限公司收到美国莱特食品有限公司的加工工缴费款项USD3 000，当月美元记账汇率为6.120 0。请编制会计分录。

借：银行存款——中国农业银行（美元待核查账户）(USD3 000×6.120 0) 18 360
　　贷：应收账款——应收外汇账款（美国莱特食品有限公司）(USD3 000
　　　　　　　　　　　　　　　　　　　　　　　　　×6.120 0) 18 360

（八）待核查账户转至外汇账户

12月14日，上海都宝实业有限公司美元待核查账户的款项USD3 000经银行审核后，划转到外汇账户，当月美元记账汇率为6.120 0。请编制会计分录。

借：银行存款——中国农业银行（美元户）（USD3 000×6.120 0） 18 360
　　贷：银行存款——中国农业银行（美元待核查账户）（USD3 000×6.120 0） 18 360

（九）结汇

12月15日，上海都宝实业有限公司收到银行的结汇通知，结汇款项为USD3 000，合同规定结汇的汇兑损益由上海食品加工厂承担，当日美元买入价为6.110 0，当月美元记账汇率为6.120 0。请编制会计分录。

借：银行存款——中国农业银行（人民币户）（USD3 000×6.110 0） 18 330
　　应付账款——上海食品加工厂　　　　　　　　　　　　　　　　　30
　　贷：银行存款——中国农业银行（美元户）（USD3 000×6.120 0） 18 360

（十）外贸企业与加工厂结算费用

12月16日，上海都宝实业有限公司与上海食品加工厂结算委托加工费16 779.2元人民币。请编制会计分录。

委托加工费＝加工费17 809.2－代垫运费1 000－代垫结汇汇兑损益30
　　　　　＝16 779.2（元人民币）

借：应付账款——上海食品加工厂　　　　　　　　　　　　　　16 779.2
　　贷：银行存款——中国农业银行（人民币户）　　　　　　　　16 779.2

三、自营业务形式的会计处理

（一）外贸企业自属加工厂承办加工生产的来料加工

1. 收到外商不计价原辅料

12月1日，上海都宝实业有限公司与美国莱特食品有限公司签订来料加工复出口协议，进口玉米30 000千克，货款USD10 000，当月美元记账汇率为6.120 0，免征进口关税、进口增值税。12月3日，上海都宝实业有限公司收到玉米30 000千克，并验收入库。请编制会计分录。

在备查账簿作单式记账：

借：外商来料——玉米　　　　　　　　　　　　　　　　　　30 000千克

2. 将外商来料拨给自属加工厂

12月3日，上海都宝实业有限公司将玉米30 000千克拨给自属加工厂。请编制会计分录。

在备查账簿记账：

借：拨出来料——玉米　　　　　　　　　　　　　　　　　　30 000千克
　　贷：外商来料——玉米　　　　　　　　　　　　　　　　30 000千克

3. 收到加工成品并支付加工费

12月10日，上海都宝实业有限公司收到自属加工厂加工完成的无水柠檬酸15 000千克,并支付给自属加工厂加工费 10 000 元人民币。请编制会计分录。

  借:委托加工物资——来料加工(无水柠檬酸)   10 000
   贷:银行存款——中国农业银行(人民币户)   10 000

 在备查账簿记账:

  借:代管物资——无水柠檬酸   15 000 千克
   贷:拨出来料——玉米   30 000 千克

 4. 对外出口托运

 12 月 11 日,上海都宝实业有限公司办理对外出口托运,无水柠檬酸 15 000 千克已出库。请编制会计分录。

 在备查账簿记账:

  借:代管物资——发出商品(无水柠檬酸)   15 000 千克
   贷:代管物资——无水柠檬酸   15 000 千克

 5. 产成品复出口

 12 月 11 日,上海都宝实业有限公司将加工完成的 15 000 千克无水柠檬酸复出口给美国莱特食品有限公司,合同规定本次来料加工业务的工缴费为 USD3 000 元,本月美元记账汇率为 6.120 0。请编制会计分录。

  借:应收账款——应收外汇账款(美国莱特食品有限公司)(USD3 000
            ×6.120 0) 18 360
   贷:其他业务收入——来料加工收入(无水柠檬酸)   18 360

 同时在备查账簿记账:

   贷:代管物资——发出商品(无水柠檬酸)   15 000 千克

 6. 支付国内运费

 12 月 11 日,上海都宝实业有限公司支付国内运费 1 000 元人民币。请编制会计分录。

  借:其他业务成本——来料加工成本(无水柠檬酸)   1 000
   贷:银行存款——中国农业银行(人民币户)   1 000

 7. 收到加工工缴费(收汇至待核查账户)

 12 月 13 日,上海都宝实业有限公司收到美国莱特食品有限公司的加工工缴费款项 USD3 000,当月美元记账汇率为 6.120 0。请编制会计分录。

  借:银行存款——中国农业银行(美元待核查账户)(USD3 000×6.120 0)18 360
   贷:应收账款——应收外汇账款(美国莱特食品有限公司)(USD3 000
              ×6.120 0) 18 360

 8. 待核查账户转至外汇账户

 12 月 14 日,上海都宝实业有限公司美元待核查账户的款项 USD3 000 经银行审核后,划转到外汇账户,当月美元记账汇率为 6.120 0。请编制会计分录。

借:银行存款——中国农业银行(美元户)(USD3 000×6.120 0)　　　　　　18 360
　　贷:银行存款——中国农业银行(美元待核查账户)(USD3 000×6.120 0)18 360

9. 结汇

12月15日,上海都宝实业有限公司收到银行的结汇通知,结汇款项为USD3 000,当日美元买入价为6.110 0,当月美元记账汇率为6.120 0。请编制会计分录。

借:银行存款——中国农业银行(人民币户)　　　　　　　　　　　　　18 330
　　财务费用——汇兑损益　　　　　　　　　　　　　　　　　　　　　30
　　贷:银行存款——中国农业银行(美元户)(USD3 000×6.120 0)　　　18 360

10. 结转来料加工销售成本

12月31日,上海都宝实业有限公司结转来料加工销售成本。请编制会计分录。

借:其他业务成本——来料加工成本(无水柠檬酸)　　　　　　　　　　10 000
　　贷:委托加工物资——来料加工(无水柠檬酸)　　　　　　　　　　　10 000

(二) 委托给外加工厂加工

1. 外商来料作价

12月1日,上海都宝实业有限公司与美国莱特食品有限公司签订来料作价加工复出口协议,进口玉米30 000千克,货款USD10 000,款未付,货未入库。当月美元记账汇率为6.120 0,免征进口关税、进口增值税。请编制会计分录。

借:在途物资——玉米　　　　　　　　　　　　　　　　　　　　　　61 200
　　贷:应付账款——应付外汇账款(美国莱特食品有限公司)(USD10 000
　　　　　　　　　　×6.120 0)　　　　　　　　　　　　　　　　　61 200

2. 收到外商作价原辅料

12月3日,上海都宝实业有限公司收到玉米30 000千克,并验收入库,玉米采购成本为61 200元人民币。请编制会计分录。

借:原材料——玉米　　　　　　　　　　　　　　　　　　　　　　　61 200
　　贷:在途物资——玉米　　　　　　　　　　　　　　　　　　　　　61 200

3. 将外商来料拨给外加工厂

12月3日,上海都宝实业有限公司委托上海食品加工厂加工玉米,玉米已出库,玉米采购成本为61 200元人民币。请编制会计分录。

借:委托加工物资——来料加工(无水柠檬酸)　　　　　　　　　　　　61 200
　　贷:原材料——玉米　　　　　　　　　　　　　　　　　　　　　　61 200

4. 支付加工费

12月8日,上海都宝实业有限公司支付上海食品加工厂加工费10 000元人民币(不含税金额),增值税税率为13%。请编制会计分录。

借:委托加工物资——来料加工(无水柠檬酸)　　　　　　　　　　　　11 600
　　贷:银行存款——中国农业银行(人民币户)　　　　　　　　　　　　11 600

5. 收到加工成品

12月10日,上海都宝实业有限公司收到上海食品加工厂加工完成的无水柠檬酸15 000千克。请编制会计分录。

  借:库存商品——来料加工(无水柠檬酸)   72 900
   贷:委托加工物资——来料加工(无水柠檬酸)   72 900

6. 产成品复出口

12月11日,上海都宝实业有限公司将加工完成的15 000千克无水柠檬酸复出口给美国莱特食品有限公司,出口发票金额为USD15 000,本月美元记账汇率为6.120 0。请编制会计分录。

  借:应收账款——应收外汇账款(美国莱特食品有限公司)(USD15 000
                ×6.120 0) 91 800
   贷:其他业务收入——来料加工销售收入(无水柠檬酸)   91 800

7. 结转来料加工出口销售成本

12月11日,上海都宝实业有限公司结转来料加工出口销售成本72 900元人民币。请编制会计分录。

  借:其他业务成本——来料加工销售成本(无水柠檬酸)   72 900
   贷:库存商品——无水柠檬酸   72 900

8. 结算后收到货款(收汇至待核查账户)

12月13日,上海都宝实业有限公司与美国莱特食品有限公司结算进出口货款后,收到款项USD5 000,当月美元记账汇率为6.120 0。请编制会计分录。

  借:银行存款——中国农业银行(美元待核查账户)(USD5 000×6.120 0)30 600
    应付账款——应付外汇账款(美国莱特食品有限公司)(USD10 000
                ×6.120 0) 61 200
   贷:应收账款——应收外汇账款(美国莱特食品有限公司)(USD15 000
                ×6.120 0) 91 800

9. 待核查账户转至外汇账户

12月14日,上海都宝实业有限公司美元待核查账户的款项USD5 000经银行审核后,划转到外汇账户,当月美元记账汇率为6.120 0。请编制会计分录。

  借:银行存款——中国农业银行(美元户)(USD5 000×6.120 0)   30 600
   贷:银行存款——中国农业银行(美元待核查账户)(USD5 000×6.120 0)30 600

10. 结汇

12月15日,上海都宝实业有限公司收到银行的结汇通知,结汇款项为USD5 000,当日美元买入价为6.110 0,当月美元记账汇率为6.120 0。请编制会计分录。

  借:银行存款——中国农业银行(人民币户)   30 550
    财务费用——汇兑损益   50
   贷:银行存款——中国农业银行(美元户)(USD5 000×6.120 0)   30 600

本章小结

加工贸易是指经营企业进口全部或者部分原辅材料、零部件、元器件、包装物料，经加工或装配后，将制成品复出口的经营活动。常见的加工贸易方式包括：进料加工、来料加工、装配业务和协作生产。

我国为支持加工贸易的发展，提供了一些基本的优惠政策，如保税政策、宽松的贸易政策、对部分商品免征关税和进口环节增值税，以及企业可以自行组织进口等，都为加工贸易的发展提供了便利条件。

加工贸易的基本流程包括合同的备案，合同的核销，以及合同的变更与展期。

进料加工贸易的加工环节主要有委托加工、作价加工两种加工方式。来料加工包括代理业务和自营业务两种形式。进料加工与来料加工的区别主要体现在业务实质不同、合同方式不同、客户对象不同和增值税税收处理不同四个方面。

本章重点介绍了加工贸易的分类和流程；进料加工、来料加工的概念、特点、区别以及会计处理；区分了进料加工中委托加工和作价加工会计处理的不同；区分了来料加工中代理业务和自营业务会计处理的不同。

关键术语

加工贸易　进料加工　来料加工　装配业务　协作生产　展期　委托加工　复出口　作价加工　代理业务　自营业务　结汇

思考题

1. 进料加工与来料加工的区别与联系是什么？
2. 进料加工中，委托加工和作价加工的会计处理有何不同？
3. 来料加工中，代理业务形式与自营业务形式的会计处理有何不同？
4. 我国对加工贸易实行的基本政策有哪些？
5. 简述加工贸易的基本流程。

实训操作

一、进料加工会计核算

（一）进料委托加工会计核算

1. 进料委托加工——进口原材料
2. 进料委托加工——支付所欠外汇货款
3. 进料委托加工——进口原材料入库

4. 进料委托加工——委托外单位加工

5. 进料委托加工——支付加工费

6. 进料委托加工——加工成品入库

7. 进料委托加工——进料加工产成品复出口

8. 进料委托加工——结转出口产品销售成本

（二）进料作价加工会计核算

1. 进料作价加工——进口原材料

2. 进料作价加工——缴纳进口关税、进口增值税

3. 进料作价加工——支付所欠外汇货款

4. 进料作价加工——进口原材料验收入库

5. 进料作价加工——进口材料作价加工

6. 进料作价加工——结转作价加工销售成本

7. 进料作价加工——进口材料加工完工入库

8. 进料作价加工——进料加工产成品复出口

9. 进料作价加工——结转出口产品销售成本

二、来料加工会计核算

（一）代理来料加工会计核算

1. 代理来料加工——来料加工产成品出口

2. 代理来料加工——代垫国内运费

3. 代理来料加工——收汇至待核查账户

4. 代理来料加工——待核查账户转至外汇账户

5. 代理来料加工——结汇

6. 代理来料加工——与加工厂结算费用

（二）自营来料作价加工的会计核算

1. 自营来料作价加工——进口加工原材料

2. 自营来料作价加工——进口原材料入库

3. 自营来料作价加工——委托外单位加工

4. 自营来料作价加工——支付委托加工费

5. 自营来料作价加工——委托加工物资验收入库

6. 自营来料作价加工——来料加工产成品复出口

7. 自营来料作价加工——结转来料加工出口销售成本

第七章 关 税

学习目的与要求
(1) 了解关税的特点和意义。
(2) 理解关税会计处理的特点。
(3) 掌握关税的确认、计量、记录与申报。

重点
(1) 进出口关税的征税范围。
(2) 进口环节关税的会计处理。
(3) 出口环节关税的会计处理。

难点
(1) 进口环节关税的计算。
(2) 出口环节关税的计算。

导 读

随着改革开放的深入、"一带一路"倡议的实施,同时面对国际贸易中贸易国对我国贸易的限制,关税在对外贸易环节中起着越来越重要的作用。那么关税的征税范围包括哪些?针对不同的国家是否有不同的关税政策?进口关税与出口关税的差别,及其产生的原因是什么?其计算办法有何不同?

第一节 关税概述

一、关税的概念与特点

(一) 关税的概念

关税是国家授权海关对出入关境的货物和物品征收的一种流转税。

关境是一国海关法得以全面实施的区域,包括该国的领土、领海和领空在内的全部国家领土。在通常情况下,关境与国境范围一致,但因政治经济方面的原因,关境亦可大于或小于国境。

(二) 关税的作用

关税是贯彻对外经济贸易政策的重要手段。它在调节经济、促进改革开放方面,在保护民族企业、防止国外的经济侵袭、争取关税互惠、促进对外贸易发展、增加国家财政收入方面,都具有重要作用。海关在征收进口货物、物品关税的同时,还代征进口增值税和消费税。

二、关税的征税对象与纳税义务人

(一) 关税的征税对象

关税的征税对象为准许进出境的货物(贸易性)和物品(个人)。

(二) 纳税义务人

关税纳税人为进口货物收货人、出口货物发货人、进出境物品的所有人(多种推定,如携带人、收件人、寄件人等)。

三、关税进出口税则

中华人民共和国海关进出口税则(Customs Tariff)也称关税税则。它是一国海关据以对进出口商品计征关税的规章和对进、出口的应税与免税商品加以系统分类的一类表,涵盖海关征收关税的规章条例及说明和海关的关税税率表。其中,关税税率表的主要内容有:税则号例、商品分类目录和税率三部分。

(一) 进口关税税率

1. 税率设置

我国进口税则设有最惠国税率、协定税率、特惠税率、普通税率和关税配额税率共五种税率。

2. 税率种类与计征办法

（1）从价税是最常用的关税计税标准。

（2）从量税是以进口商品的数量、重量、体积、容量等计量单位为计税依据的，如原油、啤酒。

（3）复合税是指对某种进口商品同时使用从价和从量计征的一种计征关税的方法，如摄像机、数字照相机等。

（4）选择税是指对一种进口商品同时定有从价税和从量税两种税率，征税时根据物价水平，择高适用的一种计征关税的方法。

（5）滑准税是一种关税税率随进口商品价格由高到低而由低到高设置计征关税的方法——实质为从价税。滑准税的作用是保持相应商品的国内市场价格的相对稳定，尽可能减少国际市场价格波动的影响。

（二）出口关税税率

出口关税税率设置一栏比例税率。为了加快对外贸易的发展，鼓励出口，我国真正征收出口关税的商品很少，只有100余种，且税率比较低。

（三）特别关税

特别关税是指为了应对个别国家对我国出口货物的歧视，任何国家或者地区如果对进口原产于我国的货物征收歧视性关税或者给予其他歧视性待遇的，海关可以对原产于该国或者地区的进口货物征收特别关税。特别关税包括报复性关税、反倾销税与反补贴税、保障性关税。

征收特别关税的货物、适用国别、税率、期限和征收办法，由国务院关税税则委员会决定，海关总署负责实施。

（四）税率的运用

（1）常规情况下的进出口货物，应当适用海关接受该货物申报进口或者出口之日实施的税率。

（2）进口货物到达前，经海关核准先行申报的，应当适用装载该货物的运输工具申报进境之日实施的税率。

（3）经海关批准集中申报的进出口货物，应当适用每次货物进出口时海关接受该货物申报之日实施的税率。

（4）进口转关运输货物，应当适用指运地海关接受该货物申报进口之日实施的税率；货物运抵指运地前，经海关核准先行申报的，应当适用装载该货物的运输工具抵达指运地之日实施的税率。

（5）出口转关运输货物，应当适用启运地海关接受该货物申报出口之日实施的税率。

（6）因超过规定期限未申报而由海关依法变卖的进口货物，其税款计征应当适用装载该货物的运输工具申报进境之日实施的税率。

（7）因纳税义务人违反规定需要追征税款的进出口货物，应当适用违反规定的行为发生之日实施的税率;行为发生之日不能确定的,适用海关发现该行为之日实施的税率。

(8) 已申报进境并放行的保税货物、减免税货物、租赁货物或暂时进出境货物,有下列之一的,应当适用海关接受纳税人再次填写报关单办理纳税及有关手续之日实施的税率:①保税货物经批准不复运出境的;②保税仓储货物转入国内市场销售的;③减免税货物经批准转让或者移作他用的;④可暂不缴纳税款的暂时进出境货物,经批准不复运出境或者进境的;⑤租赁进口货物,分期缴纳税款的。

第二节 关税的计量与会计处理

一、原产地规定

原产地规定也称原产地规则,是指一国根据国家法令或国际协定确定的原则制定并实施的,以确定生产或制造货物的国家或地区的具体规定。为了实施关税的优惠或差别待遇、数量限制或与贸易有关的其他措施,海关必须根据原产地规则的标准来确定进口货物的原产国,给以相应的海关待遇。货物的原产地被形象地称为商品的"经济国籍",原产地规则在国际贸易中具有重要作用。

二、关税完税价格

关税完税价格是指海关以进出口货物的实际成交价格为基础,经调整确定的计征关税的价格,包括进口完税价格、出口完税价格。

(一) 进口完税价格

1. CIF 价格

进口完税价格(CIF)包括货物的货价(cost)、货物运抵我国境内输入地点起卸前的运输费(freight)及其相关费用、保险费(insurance)。

进口货物完税价格 = 货价 + 采购费用(包括货物运抵中国关境内输入地起卸前的运输、保险和其他劳务等费用)

2. FOB 价格

FOB 价格即装运港船上交货价格,其计算公式如下:

完税价格 = 国外口岸价格成交(FOB) + 运费及相关费用 + 保险费

完税价格 = (FOB 价格 + 运杂费) ÷ (1 - 保险费率)

3. 进口货物海关估价方法

进口货物海关估价方法包括:相同货物成交价格估价方法、类似货物成交价格估价方法、倒扣价格方法、计算价格方法,以及以客观量化的数据资料为基础审查确定进口货物完税价格的估价方法。

同时注意:海关在采用合理方法确定进口货物的完税价格时,不得使用以下价格:境内生产的货物在境内的销售价格;可供选择的价格中较高的价格;货物在出口地市场的销售价格;以计算价格方法规定的有关各项之外的价值或费用计算的价格;出口到第三国或地区的货物的销售价格;最低限价或武断虚构的价格。

(二) 出口完税价格

出口货物的完税价格,由海关以该货物的成交价格为基础审查确定,并应包括货物运至我国境内输出地点装载前的运输及其相关费用、保险费。

出口货物的完税价格不包括:出口关税税额;售价中包含离境口岸至境外口岸之间的运费、保险费(可以扣除);单独列明支付给境外的佣金。

(1) 出口货物以我国口岸 FOB 价格成交的,计算完税价格的公式如下:

$$完税价格 = FOB 价格 \div (1 + 出口关税税率)$$

(2) 出口货物以国外口岸 CIF 价格成交的,应先扣除离开我国口岸后的运费和保险费后,再按上述公式计算完税价格,完整计算公式如下:

$$完税价格 = (CIF 价格 - 保险费 - 运费) \div (1 + 出口关税税率)$$

(3) 以境外口岸 CFR 价成交的,其出口货物完税价格的计算公式如下:

$$完税价格 = (CFR 价格 - 运费) \div (1 + 出口关税税率)$$

三、关税税额的计算

(一) 进口关税的计算

$$进口关税 = 进口货物关税完税价格 \times 关税税率$$

【例7-1】 甲外贸公司从美国进口甲醇,进口申报价格为 CIF 天津 USD500 000。假定计税美元对人民币的中间价为 1 美元=6.4 元人民币;关税税率6%。则进口关税计算如下:

$$完税价格 = USD500\ 000 \times 6.4 = 3\ 200\ 000(元人民币)$$
$$进口关税 = 3\ 200\ 000 \times 6\% = 192\ 000(元人民币)$$

(二) 出口关税的计算

$$出口关税 = 出口货物关税完税价格 \times 关税税率$$

【例7-2】 甲外贸公司出口 5 000 吨磷到美国,每吨磷 FOB 天津 600 美元,磷的出口关税税率为 12%。假定计税美元对人民币的中间价为 1 美元=6.4 元人民币。则出口关税计算如下:

完税价格＝5 000×600÷(1＋12%)×6.4＝17 142 857.2(元人民币)

出口关税＝17 142 857×12%＝2 057 142.86(元人民币)

四、进口环节增值税、消费税的计算

进口环节增值税和消费税的确定，需基于进口环节货物的组成计税价格(以下简称组价)。组价包括进口货物的到岸价格(CIF)、进口货物的关税、进口货物的消费税，注意增值税为价外税、消费税为价内税。

$$组价 = \frac{CIF + 关税 + 从量消费税}{1 - 消费税比例税率}$$

进口增值税＝组价×增值税税率

进口消费税＝组价×消费税比例税率＋消费税从量税

五、关税的会计处理

(一) 进口业务关税的会计处理

企业自营进口商品应以 CIF 价格作为完税价格计缴关税时，借记"在途物资"科目，贷记"应交税费——应交进口关税"科目；实际缴纳时，借记"应交税费——应交进口关税"科目，贷记"银行存款"科目。

【例 7-3】 甲外贸企业从国外自营进口汽缸容量为 230 毫升的摩托车一批，CIF 价格折合人民币为 100 万元，进口关税税率为 15%，代征消费税税率 3%、增值税税率 13%。应缴关税和商品采购成本计算如下：

关税＝1 000 000×15%＝150 000(元人民币)

消费税＝(1 000 000＋150 000)÷(1－3%)×3%＝35 567.01(元人民币)

增值税＝(1 000 000＋150 000)÷(1－3%)×13%＝154 123.71(元人民币)

甲公司有关会计分录如下：

(1) 进口商品时：

借：在途物资——摩托车	1 000 000
贷：应付账款——××供应商	1 000 000

(2) 计算应交税费时：

借：在途物资——摩托车	185 567.01
贷：应交税费——应交进口关税	150 000.00
——应交消费税	35 567.01

(3) 上缴税金时：

借：应交税费——应交增值税（进项税额）　　　　　　154 123.71
　　　　　　——应交进口关税　　　　　　　　　　　150 000.00
　　　　　　——应交消费税　　　　　　　　　　　　35 567.01
　　贷：银行存款　　　　　　　　　　　　　　　　　339 690.72

(4) 商品验收入库时：

借：库存商品　　　　　　　　　　　　　　　　　　1 185 567.01
　　贷：在途物资——摩托车　　　　　　　　　　　　1 185 567.01

（二）自营出口业务关税的会计处理

企业自营出口商品以 FOB 价格作为完税价格计缴关税时，应借记"税金及附加"科目，贷记"应交税费——应交出口关税"科目；实际缴纳时，应借记"应交税费——应交出口关税"科目，贷记"银行存款"科目。

【例 7-4】 甲外贸公司自营出口商品一批，我国口岸 FOB 价折合人民币为 100 000 元，出口关税税率为 10%，根据海关开出的税款缴纳凭证，以银行转账支票付讫税款。甲外贸公司有关会计处理如下：

$$应交出口关税额 = 100\,000 \div (1 + 10\%) \times 10\%$$
$$= 9\,090.91（元人民币）$$

借：应收账款——应收外汇账款（客户）　　　　　　　100 000
　　贷：主营业务收入　　　　　　　　　　　　　　　100 000

借：税金及附加　　　　　　　　　　　　　　　　　　9 090.91
　　贷：应交税费——应交出口关税　　　　　　　　　9 090.91

第三节　关税征收管理

一、关税缴纳

（一）关税的申报时间

进口货物申报关税的时间为自运输工具申报进境之日起 14 日内；出口货物申报关税的时间为在运抵海关监管区后装货的 24 小时以前。

(二) 纳税期限

关税的纳税义务人或其代理人,应在海关填发税款缴纳证之日起 15 日内向指定银行缴纳。不能按期缴纳税款的,经海关总署批准,可延期缴纳,但最长不得超过 6 个月。

二、关税强制执行

为了保障关税的及时入库,海关法赋予海关针对未在规定期限内足额缴纳关税的纳税人,有权对其实行强制措施,具体包括以下两种形式。

(一) 征收关税滞纳金

关税滞纳金按照纳税期满之日起至缴纳税款止(其中法定节假日、周末均不予扣除),每天按照滞纳税款的万分之五计算征收。关税滞纳金的计算公式如下:

$$关税滞纳金金额 = 滞纳关税税额 \times 滞纳金征收比率(万分之五) \times 滞纳天数$$

(二) 强制征收

如纳税义务人自海关填发缴款书之日起 3 个月仍未缴纳税款,经海关关长批准,海关可以采取强制扣缴、变价抵缴等强制措施。

三、关税退还

如遇下列情况之一,可自缴纳税款之日起 1 年内,书面声明理由,连同原纳税收据向海关申请退税,并加计同期银行活期存款利率计算的利息:已征进口关税的货物,因品质或规格原因,原状退货复运出境;已征出口关税的货物,因品质或规格原因,原状退货复运进境,并已缴纳因出口退还的国内税收;已征出口关税的货物,因故未装运出口,申报退关。

四、关税补征和追征

纳税人未按规定足额缴纳关税的,分别责任主体,予以补征和追征:关税补征,是因非纳税人违反海关规定造成的少征或漏征关税,关税补征期为缴纳税款或货物放行之日起 1 年内。关税追征,是因纳税人违反海关规定造成少征或漏征关税,关税追征期为进出口货物完税之日或货物放行之日起 3 年内,并加收万分之五的滞纳金。

五、关税纳税争议

若针对关税征纳事项存在争议的,可以向海关申请复议,但同时应当在规定期限内按海关核定的税额缴纳关税,逾期则构成滞纳,海关有权按规定采取强制执行措施。

本章小结

关税是国家授权海关对出入关境的货物和物品征收的一种流转税,是贯彻对外经济贸易政策的重要手段。

关税的征税对象为准许进出境的货物(贸易性)和物品(个人)。关税纳税人为进口货物收货人、出口货物发货人、进出境物品的所有人。关税包括进口关税和出口关税,我国主要征收进口关税,只对个别商品征收出口关税。

关税税额取决于进、出口关税完税价格和进、出口货物适用的关税税率。关税完税价格取决于:CIF 价格、FOB 价格、CFR 价格、进口货物海关估价等方法。关税税率需要查阅《中华人民共和国海关进出口税则》,税率变化同时受政治、经济等因素的影响。

关键术语

关税　征税对象　义务人　海关进出口税则　进口货物完税价格　CIF 价格　FOB 价格　进口货物海关估价　出口货物的完税价格　申报时间　纳税期限　强制执行　关税滞纳金　强制征收　关税退还　补征　追征　纳税争议

思考题

1. 一个国家设置关税的目的是什么?
2. 我国进口关税和出口关税在征纳时有何差异?原因是什么?
3. 简述进口货物完税价格与关税的关系。
4. 简述出口货物完税价格与关税的关系。
5. 简述关税、增值税、消费税与货物价格的关系。

第八章 出口退税

学习目的与要求
(1) 了解我国增值税、消费税出口退税政策。
(2) 理解不同性质企业出口退税的具体办法。
(3) 掌握外贸企业出口退免增值税、消费税的核算。
(4) 掌握生产企业出口增值税免、抵、退税的核算。

重点
(1) 出口退税政策。
(2) 增值税出口退税的会计处理。
(3) 消费税出口退税的会计处理。

难点
生产型企业增值税出口退税的计算。

导 读

随着国际交往的密切，各个国家为了鼓励本国企业产品出口、减少进口国对其出口产品的限制，从而在税收制度上对出口货物、劳务和跨境应税行为已承担或应承担的增值税、消费税等间接税实行退还或者免征。出口退税已成为国际社会通行的惯例，也即"奖出限入"政策的具体体现。

针对出口企业有哪些增值税和消费税的出口退免税政策？根据不同性质的企业又如何落实出口退免税政策？不同性质的企业实际的退税税额是否为应退税额？将通过本章的学习予以解答。

第一节 出口退(免)税概述

一、出口退(免)税的基本政策

分别增值税、消费税,同时结合出口产品的性质,将出口退(免)税政策分为以下两个方面。

(一) 我国增值税出口退(免)税的基本政策

1. 退(免)税政策——出口免税并退税

出口免税并退税,旨在实现出口增值税零税负。即一方面,对出口环节生产或销售货物、劳务和跨境应税行为的增值部分免征增值税;另一方面,对出口货物、劳务和跨境应税行为在前道环节所承担的进项税额予以退税。

2. 免税政策——出口免税但不退税

出口免税但不退税,即免产品出口环节销项税,但不退产品取得环节的进项税。由于该出口货物、劳务、跨境应税行为因为在前一道生产、销售环节或进口环节是免税的,因此,出口时该货物、劳务、跨境应税行为的价格中本身就不含税,因此无需退税。

3. 征税政策——出口不免税也不退税

出口不免税也不退税,即不免产品出口环节销项税,也不退产品取得环节的进项税。该政策适用于限制和禁止出口的货物、劳务和跨境应税行为。

(二) 我国消费税出口退(免)税的基本政策

1. 退(免)税政策——出口免税并退税

出口免税并退税,即免征出口产品消费税,退还取得环节产品负担的消费税。该政策适用于:有出口经营权的外贸企业购进应税消费品直接出口,以及外贸企业受其他外贸企业委托代理出口应税消费品。应退消费税的计算公式如下:

$$应退消费税 = 购进应税消费品不含增值税价格 \times 退税率$$

2. 免税政策——出口免税但不退税

出口免税但不退税,即免征出口产品消费税,但不退还取得环节产品负担的消费税。该政策适用于:有出口经营权的生产性企业自营出口或生产企业委托外贸企业代理出口自产的应税消费品。

3. 征税政策——出口不免税也不退税

出口不免税也不退税,即不免征出口产品消费税,也不退还取得环节产品负担的消费税。该政策适用于:除生产企业、外贸企业外的其他企业(指一般商贸企业),委托外贸企业代理出口应税消费品一律不予退(免)税。

二、退(免)税办法

(一) 增值税退(免)税办法

1. 免、抵、退税办法

实行免、抵、退税管理办法的免税是指对生产企业出口的自产货物,免征企业生产销售环节的增值税。抵税是指生产企业出口的自产货物所耗用原材料、零部件等应予退还的进项税额,抵顶内销货物的应纳税款;退税是指生产企业出口的自产货物在当期内因抵顶的进项税额大于应纳税额而未抵顶完的税额,经主管退税机关批准后,予以退税。

生产企业自营或委托外贸企业代理出口(以下简称生产企业出口)自产货物,除另有规定外,增值税一律实行免、抵、退管理办法。对生产企业出口非自产货物的管理办法另行规定。

生产企业是指独立核算,经主管税务机关认定为增值税一般纳税人,并且具有实际生产能力的企业和企业集团。增值税小规模纳税人出口自产货物继续实行免征增值税办法。生产企业出口自产的属于应征消费税的产品,实行免征消费税办法。

2. 免退税办法

免征出口产品增值税,相应的进项税额予以退还。外贸企业外购的研发服务和设计服务出口免征增值税,其对应的外购应税服务的进项税额予以退还。

(二) 消费税退(免)税办法

1. 免税并退税办法

免征出口商品消费税,但不退出口商品消费税,所以无需计算退税额。

2. 免税不退税办法

免征出口商品消费税,同时退还出口商品原负担的消费税。即免税并退上一环节已征消费税,用退税计税依据和规定征税率计算退税额。

三、出口退税率

出口退税率是指出口产品应退税额与计算退税的价格比例。

(一) 增值税出口退税率

除财政部、国家税务总局根据国务院决定而明确的增值税出口退税率外,出口货物的退税率为其使用率。服务和无形资产的退税率为其按照《增值税暂行条例》规定适用的增值税税率。

根据《财政部、国家税务总局关于调整增值税税率的通知》(财税〔2018〕32号)规定,原适用17%税率且出口退税率为17%的出口货物,出口退税率调整至16%。原适用11%税率且出口退税率为11%的出口货物、跨境应税行为,出口退税率调整至10%。2019年3月5日《政府工作报告》中提出制造业税率下降为13%,交通运输业、房地产等行业税率降至9%,出口退税率也将发生调整。调整出口货物退税率的执行时间及出口货物的时间,以出口货物报关单上注明的出口日期为准,调整跨境应税行为退税率的执行时间及销售跨境应税行为的时间,以出口发票的开具日期为准。

适用不同退税率的货物、劳务、跨境应税行为,应分开报关、核算并申报退(免)税,未分开的或划分不清的,从低适用退税率。

(二)消费税出口退税率

出口货物应退消费税的退税率与其征税率相同,即出口货物的消费税能够做到彻底退税。

办理出口货物退、免税的企业,应将不同税率的出口应税消费品分开核算和申报,凡是因未分开核算而划分不清适用税率的,一律从低适用税率计算免、退税额。

第二节 外贸企业出口退税

一、外贸企业消费税出口退税

外贸企业出口应税消费品时,满足退税条件的,应按照其购进出口货物的增值税专用发票注明商品的金额结合出口该商品的消费税税率计算出口退税额,其中消费税税率可根据消费税税目、税率表具体查询。具体计算公式如下:

消费税应退税额=购进出口货物的增值税专用发票注明的金额×出口货物消费税税率

二、外贸企业增值税出口退税

(一)外贸企业出口委托加工修理修配货物以外货物

外贸企业出口委托加工修理修配货物以外货物的,按照购进该批出口货物的增值税专用发票注明的金额结合出口货物增值税退税率计算应交增值税额,计算公式如下:

应退增值税额=购进出口货物的增值税专用发票注明的金额×出口货物增值税退税率

退税率低于适用税率的,相应计算出的差额部分的税款计入出口货物劳务成本。

【例8-1】 甲外贸公司6月从天成日化厂购进高档化妆品2 000箱,经认证的增值税专用发票注明价款100万元人民币、增值税进项税额13万元人民币,货款已经支付。当月该批商品已全部出口欧洲BigTree公司,出口价折合人民币140万元,出口退税的单证资料齐全。该高档化妆品的消费税税率为15%,增值税退税率为10%。相关计算和相关会计分录如下:

应退增值税额=1 000 000×10%=100 000(元人民币)
转出增值税额=130 000-100 000=30 000(元人民币)
应退消费税额=1 000 000×15%=150 000(元人民币)

(1)购进时:

借：在途物资——××化妆品　　　　　　　　　　　　　　　　　　　1 000 000
　　应交税费——应交增值税（进项税额）　　　　　　　　　　　　　　130 000
　　贷：银行存款　　　　　　　　　　　　　　　　　　　　　　　　　1 130 000

（2）入库时：

借：库存商品——库存出口商品（××化妆品）　　　　　　　　　　　1 000 000
　　贷：在途物资——××化妆品　　　　　　　　　　　　　　　　　　1 000 000

（3）出口时：

借：应收账款——应收外汇账款（BigTree 公司）　　　　　　　　　　1 400 000
　　贷：主营业务收入——自营出口销售收入　　　　　　　　　　　　　1 400 000

（4）结转销售成本：

借：主营业务成本——自营出口销售成本　　　　　　　　　　　　　　1 000 000
　　贷：库存商品——库存出口商品（××化妆品）　　　　　　　　　　1 000 000

（5）进项税额转出：

借：主营业务成本——自营出口销售成本　　　　　　　　　　　　　　300 000
　　贷：应交税费——应交增值税（进项税额转出）　　　　　　　　　　300 000

（6）应收增值税退税款：

借：其他应收款——应收出口退税（增值税）　　　　　　　　　　　　1 000 000
　　贷：应交税费——应交增值税（出口退税）　　　　　　　　　　　　1 000 000

（7）应收消费税退税款：

借：其他应收款——应收出口退税（消费税）　　　　　　　　　　　　150 000
　　贷：主营业务成本——自营出口销售成本　　　　　　　　　　　　　150 000

（8）收到退税款：

借：银行存款　　　　　　　　　　　　　　　　　　　　　　　　　　2 500 000
　　贷：其他应收款——应收出口退税（增值税）　　　　　　　　　　　1 000 000
　　　　　　　　　　——应收出口退税（消费税）　　　　　　　　　　1 500 000

（二）外贸企业出口委托加工修理修配货物

1. 外贸企业出口委托加工修理修配货物退税额的核算

外贸企业出口委托加工修理修配货物的，应按照加工修理修配费用增值税退免税计税依据，结合出口货物增值税退税率计算，具体计算公式如下：

$$\text{出口委托加工修理修配货物的增值税应退税额} = \text{购入委托加工修理修配原料增值税专用发票注明的金额} \times \text{出口货物增值税退税率} + \text{购入加工修理修配劳务加工费增值税专用发票注明的金额} \times \text{出口货物增值税退税率}$$

$$\begin{aligned}=&\left(\begin{array}{c}\text{购入委托加工修理修配原料}\\\text{增值税专用发票注明的金额}\end{array}+\begin{array}{c}\text{购入加工修理修配劳务加工费}\\\text{增值税专用发票注明的金额}\end{array}\right)\\&\times\begin{array}{c}\text{出口货物增}\\\text{值税退税率}\end{array}\end{aligned}$$

【例8-2】甲外贸公司8月购进一批牛仔布委托某加工厂加工成服装出口,取得牛仔布增值税发票一张,注明计税金额20 000元人民币;服装加工费计税金额3 000元人民币,受托方将原料成本并入加工修理修配费用并开具了增值税专用发票。假设退税率为10%,相关计算和会计分录如下:

应退税额 = 20 000 × 10% + 3 000 × 10% = 2 300(元人民币)

借:其他应收款——应收出口退税(增值税)　　　　　　　　　　　　2 300
　　贷:应交税费——应交增值税(出口退税)　　　　　　　　　　　　2 300

2. 外贸企业一般贸易出口委托加工货物的会计处理

【例8-3】甲外贸公司从乙织布厂购进一批服装面料,以作价销售的形式将面料卖给丙服装厂委托加工服装,收回后报关出口到美国。已知服装出口退(免)税率为12%,服装面料征税率为13%,不考虑国内运费及所得税等其他税费因素,其1~4月份发生的相关业务及其会计分录如下:

(1) 1月初,甲外贸公司购入乙织布厂服装面料,收到增值税专用发票计税金额为20万元人民币,进项税额2.6万元人民币,货款已付:

借:库存商品——服装面料　　　　　　　　　　　　　　　　　　200 000
　　应交税费——应交增值税(进项税额)　　　　　　　　　　　　2 600
　　贷:银行存款　　　　　　　　　　　　　　　　　　　　　　　226 000

(2) 国内作价销售服装面料并结转成本。

① 作价22万元销售时:

借:银行存款　　　　　　　　　　　　　　　　　　　　　　　　248 600
　　贷:主营业务收入——内销收入(服装)　　　　　　　　　　　220 000
　　　　应交税费——应交增值税(销项税额)　　　　　　　　　　28 600

② 结转主营业务成本时:

借:主营业务成本——内销商品　　　　　　　　　　　　　　　　200 000
　　贷:库存商品——服装面料　　　　　　　　　　　　　　　　　200 000

③ 月末结转未缴增值税时:

借:应交税费——应交增值税(转出未交增值税)　　　　　　　　2 600
　　贷:应交税费——未交增值税　　　　　　　　　　　　　　　　2 600

(3) 2月份,申报上月应缴增值税额。同时,甲外贸公司收回丙企业加工完成的服装,取得增值税专用发票的计税价格为30万元人民币(含加工费),进项税额为3.9万元人民币,并在当月全部报关出口,其离岸价折合人民币的价格为40万元人民币。

① 2月份申报缴纳增值税时：

借：应交税费——未交增值税　　　　　　　　　　　　　　　　　　　2 600
　　贷：银行存款　　　　　　　　　　　　　　　　　　　　　　　　　　　2 600

② 购进服装并将购货款通过银行转账支付时：

借：库存商品——出口商品（服装）　　　　　　　　　　　　　　　　300 000
　　应交税费——应交增值税（进项税额）　　　　　　　　　　　　　 39 000
　　贷：银行存款　　　　　　　　　　　　　　　　　　　　　　　　　　339 000

③ 确认外销收入时：

借：应收账款——应收外汇账款（美国客户）　　　　　　　　　　　400 000
　　贷：主营业务收入——自营出口销售收入（服装）　　　　　　　　400 000

注：在下月月初时，应将出口销售额填入增值税纳税申报表中的"免税货物销售额"栏进行纳税申报。

④ 根据取得的增值税专用发票上列明的计税金额计算退税额，并提取出口退税和结转成本：

应退税额＝300 000×12％＝36 000（元人民币）

结转成本额＝300 000＋300 000×(13％－12％)＝303 000（元人民币）

借：主营业务成本——自营出口销售成本（服装）　　　　　　　　　303 000
　　贷：应交税费——应交增值税（进项税额转出）　　　　　　　　　　3 000
　　　　库存商品——出口商品（服装）　　　　　　　　　　　　　　　300 000

⑤ 结转应交增值税（出口退税）时：

借：其他应收款——应收出口退税（增值税）　　　　　　　　　　　 36 000
　　贷：应交税费——应交增值税（出口退税）　　　　　　　　　　　　36 000

（4）3月份，企业收齐出口货物报关单和其他单证并向主管税务机关申报出口退（免）税。

（5）4月份，收到出口退税款时：

借：银行存款　　　　　　　　　　　　　　　　　　　　　　　　　　 36 000
　　贷：其他应收款——应收出口退税（增值税）　　　　　　　　　　　36 000

（三）融资租赁出口货物退税的计算

融资租赁出口货物适用的增值税退税率，按照统一的出口货物适用退税率执行。从增值税一般纳税人购进的按简易办法征税的融资租赁货物和从小规模纳税人购进的融资租赁货物，其适用的增值税退税率，按照购进货物适用的征收率和退税率孰低的原则确定。应退增值税额的计算公式如下：

$$应退增值税额 = 购进融资租赁货物的增值税专用发票注明的金额 \times 融资租赁货物适用的增值税退税率$$

【例 8-4】 甲融资租赁公司 8 月根据合同规定将一设备以融资租赁方式出租给境外的乙企业使用。甲融资租赁公司购进该设备的增值税专用发票上注明的金额为 100 万元人民币。假设增值税出口退税率为 13%。

要求:计算该企业当期应退的增值税额并进行会计处理。

应退增值税额 = 100 × 13% = 13(万元人民币)

借:其他应收款——应收出口退税(增值税)　　　　　130 000
　　贷:应交税费——应交增值税(出口退税)　　　　　130 000

第三节　生产型企业出口退(免)税

一、增值税出口退税的核算、会计处理、申报

(一) 免抵退税的核算

1. 当期应纳税额的计算

$$当期应纳税额 = 当期内销货物的销项税额 - (当期进项税额 - 当期免抵退税不得免征和抵扣税额)$$

2. 免抵退税额的计算

免抵退税额 = 出口货物离岸价 × 外汇人民币牌价 × 出口货物退税率 - 免抵退税额抵减额

其中:出口货物离岸价(FOB)以出口发票计算的离岸价为准。出口发票不能如实反映实际离岸价的,企业必须按照实际离岸价向主管税务机关进行申报,同时主管税务机关有权依照《中华人民共和国税收征收管理法》《中华人民共和国增值税暂行条例》等有关规定予以核定。

$$免抵退税额抵减额 = 免税购进原材料价格 × 出口货物退税率$$

免税购进原材料包括从国内购进免税原材料和进料加工免税进口料件,其中进料加工免税进口料件的价格为组成计税价格。

进料加工免税进口料件的组成计税价格 = 货物到岸价 + 海关实征关税 + 消费税

3. 当期应退税额和免抵税额的计算

① 如当期期末留抵税额 ≤ 当期免抵退税额,则:

当期应退税额 = 当期期末留抵税额
当期免抵税额 = 当期免抵退税额 - 当期应退税额

② 如当期期末留抵税额当期免抵退税额,则:

当期应退税额＝当期免抵退税额

当期免抵税额＝0

当期期末留抵税额根据当期增值税纳税申报表中"期末留抵税额"确定。

4. 免抵退税不得免征和抵扣税额的计算

$$\text{免抵退税不得免征和抵扣税额} = \text{出口货物离岸价} \times \text{外汇人民币牌价} \times (\text{出口货物征税率} - \text{出口货物退税率}) - \text{免抵退税不得免征和抵扣税额抵减额}$$

$$\text{免抵退税不得免征和抵扣税额抵减额} = \text{免税购进原材料价格} \times (\text{出口货物征税率} - \text{出口货物退税率})$$

综上，免抵退税额亦可以通过如下计算过程取得：

A. 当期应纳税额＝内销销项－（内销进项－B 不得免抵税额）－上期留抵税额

B. 不得免抵税额＝（FOB×外汇牌价－免税购料价）×（征税率－退税率）

if：A＞0，then：交税。

if：A＜0，then：退税。

C. 免抵退税额＝（FOB×外汇牌价－免税购料价）×退税率

if：|A|＜C，then：实际退税 D＝|A|，出口抵内销 E＝C－|A|。

if：|A|＞C，then：实际退税 D＝C，出口抵内销 E＝0，下期留抵 F＝|A|－C。

if：|A|＝C，then：实际退税 D＝C，出口抵内销 E＝0。

（二）免抵退税的会计处理

借：主营业务成本
　　贷：应交税费——应交增值税（进项税额转出）

借：其他应收款——应收出口退税
　　　应交税费——应交增值税（出口抵减内销产品应纳税额）
　　贷：应交税费——应交增值税（出口退税）

【例 8-5】 甲自营出口生产企业为增值税一般纳税人，出口货物的征税税率为 13％，退税税率为 10％。9 月相关业务有：购入原材料一批，取得的增值税专用发票注明的价款 200 万元人民币，外购货物准予抵扣增值税进项税额 26 万元人民币通过认证。当月进料加工免税进口料件的组成计税价格 100 万元人民币。上期期末留抵税款 8 万元人民币。本月内销货物不含税销售额 200 万元人民币。本月出口货物销售额折合人民币 300 万元。

免抵退税不得免征和抵扣税额＝（300－100）×（13％－10％）
　　　　　　　　　　　　＝200×3％＝6（万元人民币）

当期应纳税额＝200×13％－（32－6）－8＝－8（万元人民币）

出口货物免抵退税额＝（300－100）×10％＝200×10％＝20（万元人民币）

应退税额＝8（万元人民币）

当期免抵税额＝20－8＝12（万元人民币）

9 月期末留抵结转下期继续抵扣税额为 0。

会计分录如下：

借：主营业务成本	60 000
贷：应交税费——应交增值税(进项税额转出)	60 000
借：其他应收款——应收出口退税(增值税)	80 000
应交税费——应交增值税(出口抵减内销产品应纳税额)	120 000
贷：应交税费——应交增值税(出口退税)	200 000

(三) 免、抵、退税申报

申报免抵退税的企业应填写生产企业出口货物免抵退税申报汇总表如表8-1所示。

表 8-1　生产企业出口货物免抵退税申报汇总表　　　单位：元至角分

企业代码：		企业名称：		
纳税人识别号：		所属期：　年　月		
项目	栏次	当期 (a)	本年累计 (b)	与增值税纳税 申报表差额 (c)
当期免抵退出口货物销售额(美元)	1			—
当期免抵退出口货物销售额	2＝3＋4			—
其中：单证不齐销售额	3			
单证齐全销售额	4			
前期出口货物当期收齐单证销售额	5		—	
单证齐全出口货物销售额	6＝4＋5			—
不予免抵退出口货物销售额	7			
出口销售额乘征退税率之差	8			
上期结转免抵退税不得免征和抵扣税额抵减额	9		—	
免抵退税不得免征和抵扣税额抵减额	10			—
免抵退税不得免征和抵扣税额	11(如 8＞9＋10 则为 8－9－10， 否则为 0)			
结转下期免抵退税不得免征和抵扣税额抵减额	12(如 9＋10＞8 则为 9＋10－8 否则为 0)		—	
出口销售额乘退税率	13			—
上期结转免抵退税额抵减额	14			—
免抵退税额抵减额	15			
免抵退税额	16(如 13＞14＋15 则为 13－14－15， 否则为 0)			

(续表)

项目	栏次	当期 (a)	本年累计 (b)	与增值税纳税 申报表差额 (c)
结转下期免抵退税额抵减额	17(如 14+15>13 则为 14+15-13 否则为 0)		—	—
增值税纳税申报表期末留抵税额	18		—	—
计算退税的期末留抵税额	19=18-11c		—	—
当期应退税额	20(如 16>19 则为 19,否则为 16)		—	—
当期免抵税额	21=16-20		—	—
出口企业		退税部门		
兹声明以上申报无讹并愿意承担一切法律责任 经办人： 财务负责人：　　　　　　　　　　（公章） 企业负责人：　　年　　月　　日		经办人： 复核人：　　　　　　　　　　（公章） 负责人：　　年　　月　　日		

注：(1) 本表一式四联，退税部门审核签章后返给企业两联，其中一联作为下期增值税纳税申报表附表，退税部门留存一联，报上级退税机关一联。

(2) 第(c)列"与增值税纳税申报表差额"为退税部门审核确认的第(b)列"累计"申报数减增值税纳税申报表对应项目的累计数的差额，企业应做相应财务调整并在下期增值税纳税申报时对增值税纳税申报表进行调整。

生产企业出口货物免抵退税申报汇总表填表说明如下：

(1) 第 1 栏"当期免抵退出口货物销售额(美元)"为企业当期全部免抵退出口货物美元销售额，等于当期出口的单证齐全部分和单证不齐部分美元销售额之和，与生产企业出口货物免抵退税申报明细表第 11 栏中当期全部免抵退出口货物美元销售额合计数相等。

(2) 第 2 栏"当期免抵退出口货物销售额"为企业当期全部免抵退出口货物人民币销售额，等于当期出口的单证不齐部分(第 3 栏)和单证齐全部分(第 4 栏)人民币销售额之和。为第 1 栏"当期免抵退出口货物销售额(美元)"与在税务机关备案的汇率折算的人民币销售额。

(3) 第 3 栏"单证不齐销售额"为企业当期出口的单证不齐部分免抵退出口货物人民币销售额，应与生产企业出口货物免抵退税申报明细表第 12 栏中当期出口单证不齐部分的人民币销售额合计数相等。

(4) 第 4 栏"单证齐全销售额"为企业当期出口的单证齐全部分且经过退税部门审核确认的免抵退出口货物人民币销售额，应与生产企业出口货物免抵退税申报明细表第 12 栏中当期出口单证齐全部分且经过退税部门审核确认的人民币销售额合计数相等。

(5) 第 5 栏"前期出口货物当期收齐单证销售额"为企业前期出口当期收齐单证部分且经过退税部门审核确认的免抵退出口货物人民币销售额，应与生产企业出口货物免抵退税申报明细表第 12 栏中前期出口当期收齐单证部分且经过退税部门审核确认的人民币销售额合计数相等。

(6) 第6栏"单证齐全出口货物销售额"为企业当期出口单证齐全部分及前期出口当期收齐单证部分且经过退税部门审核确认的免抵退人民币销售额,应与本表第4栏与第5栏的合计数相等。本栏包含修理修配、中标机电产品视同出口按免抵退税办法办理的人民币销售额。

(7) 第7栏"不予免抵退出口货物销售额"为企业自报关出口之日起超过6个月未收齐有关出口退税凭证或未向主管税务机关办理免抵退税申报手续,应视同内销货物征税的免抵退出口货物人民币销售额。根据企业申报免抵退税情况及出口电子信息统计测算填报。

(8) 第8栏"出口销售额乘征退税率之差"为企业当期全部免抵退出口货物人民币销售额与征退税率之差的乘积,应与生产企业出口货物免抵退税申报明细表第15栏中企业当期全部免抵退出口货物人民币销售额与征退税率之差乘积的合计数相等。

(9) 第9栏"上期结转免抵退税不得免征和抵扣税额抵减额"应与上期生产企业出口货物免抵退税申报汇总表第12栏"结转下期免抵退税不得免征和抵扣税额抵减额"相等。

(10) 第10栏"免抵退税不得免征和抵扣税额抵减额"应与当期开具的生产企业进料加工免税证明第12栏合计数相等。

(11) 第11栏"免抵退税不得免征和抵扣税额"按"第8栏-(第9栏+第10栏)"计算填报,当计算结果小于0时按0填报。

(12) 第12栏"结转下期免抵退税不得免征和抵扣税额抵减额"当"第9栏+第10栏>第8栏"时本栏等于"第9栏+第10栏-第8栏",否则按0填报。

(13) 第13栏"出口销售额乘退税率"为当期出口单证齐全部分及前期出口当期收齐单证部分且经过退税部门审核确认的免抵退出口货物人民币销售额与退税率的乘积,应与生产企业出口货物免抵退税申报明细表第16栏中当期出口单证齐全部分及前期出口当期收齐单证部分且经过退税部门审核确认的免抵退出口货物人民币销售额乘退税率的合计数相等。

(14) 第14栏"上期结转免抵退税额抵减额"为上期生产企业出口货物免抵退税申报汇总表第17栏"结转下期免抵退税额抵减额"。

(15) 第15栏"免抵退税额抵减额"应与当期开具生产企业进料加工免税证明第11栏合计数相等。

(16) 第16栏"免抵退税额"按"第13栏-(第14栏+第15栏)"计算填报,当计算结果小于0时按0填报。

(17) 第17栏"结转下期免抵退税额抵减额",当"第14栏+第15栏-第13栏"大于0时本栏等于"第14栏+第15栏-第13栏",否则按0填报。

(18) 第18栏"增值税纳税申报表期末留抵税额"应与增值税纳税申报表"期末留抵税额"栏相等。

(19) 第19栏"计算退税的期末留抵税额"按(第18栏-11c)计算填报。

(20) 第20栏"当期应退税额"为按规定计算公式计算出且经过退税部门审批的应退税额;当第16栏>第19栏时,第20栏=第19栏,否则第20栏=16栏;累计数反映本年度年初到当期应退税额的累计;新发生出口业务的生产企业,12个月内当期应退税额按0填报。

(21) 第21栏"当期免抵税额"为第16栏"免抵退税额"与第20栏"当期应退税额"之差;

累计数反映本年度年初到当期应免抵税额的累计额。

二、消费税出口免税但不退税

有出口经营权的生产型企业自营出口货物或生产企业委托外贸企业代理出口自产的应税消费品,依据实际出口数量免征消费税,不予办理退还消费税。

☞ **系统应用举例**

一、贸易型外贸企业出口退税的核算

(一)应退增值税的核算

1. 从一般纳税人购入出口货物退税的核算

(1) 12月28日,上海永达国际贸易有限公司计提本月出口黄酒的应退增值税额,采购该批黄酒的不含税金额为100 000元,增值税税率为13%,出口退税率为10%,请编制会计分录。

$$增值税应退税额 = 100\,000 \times 10\% = 10\,000(元)$$

计提出口应退增值税:

借:其他应收款——应收出口退税款   10 000
  贷:应交税费——应交增值税(出口退税)   10 000

(2) 12月28日,上海永达国际贸易有限公司结转本月出口黄酒的不可退税部分,采购该批黄酒的不含税金额为100 000元,增值税税率为13%,出口退税率为10%,请编制会计分录。

$$应计入成本税额 = 100\,000 \times 13\% - 10\,000 = 3\,000(元)$$

结转出口不可退税部分:

借:主营业务成本——自营出口销售成本(黄酒)   3 000
  贷:应交税费——应交增值税(进项税额转出)   3 000

(3) 12月28日,上海永达国际贸易有限公司计提本月出口黄酒的应退增值税额。该批黄酒的库存和销售都采用加权平均单价,9月采购100瓶,不含税单价100元;10月采购900瓶,不含税单价90元;12月21日,出口黄酒800瓶。增值税税率为13%,出口退税率为10%,请编制会计分录。

$$黄酒平均单价 = (100 \times 100 + 900 \times 90) \div (100 + 900) = 91(元)$$
$$增值税应退税额 = 91 \times 800 \times 10\% = 7\,280(元)$$

计提出口应退增值税:

借:其他应收款——应收出口退税款   7 280
  贷:应交税费——应交增值税(出口退税)   7 280

(4) 12月28日,上海永达国际贸易有限公司结转本月出口黄酒的不可退税部分。该批黄酒的库存和销售都采用加权平均单价,9月采购100瓶,不含税单价100元;10月采购900瓶,不含税单价90元;12月21日,出口黄酒800瓶。增值税税率为13%,出口退税率为

10%,请编制会计分录。

$$黄酒平均单价 = (100 \times 100 + 900 \times 90) \div (100 + 900) = 91(元)$$

$$应计入成本税额 = 91 \times 800 \times 13\% - 7\,280 = 2\,184(元)$$

结转出口不可退税部分：

借：主营业务成本——自营出口销售成本（黄酒）   2 184
    贷：应交税费——应交增值税（进项税额转出）   2 184

2. 从小规模纳税人购入出口货物退税的核算

(1) 12月28日，上海永达国际贸易有限公司计提本月出口抽纱的应退增值税额，该批抽纱是从小规模纳税人处购入的，普通发票金额为1 030元，增值税税率为3%，出口退税率为3%，请编制会计分录。

$$应退税额 = 1\,030 \div (1 + 3\%) \times 3\% = 30(元)$$

计提出口应退增值税：

借：其他应收款——应收出口退税款   30
    贷：应交税费——应交增值税（出口退税）   30

(2) 12月28日，上海永达国际贸易有限公司计提本月出口抽纱的应退增值税额，该批抽纱是从小规模纳税人处购入的，增值税专用发票金额为1 000元（不含税），增值税税率为3%，出口退税率为3%，请编制会计分录。

$$应退税额 = 1\,000 \times 3\% = 30(元)$$

计提出口应退增值税：

借：其他应收款——应收出口退税款   30
    贷：应交税费——应交增值税（出口退税）   30

(二) 应退消费税的核算

1. 实行从价定率征收办法

12月28日，上海永达国际贸易有限公司计提本月出口烟丝的应退消费税额，采购该批烟丝的不含税金额为100 000元，消费税税率为30%，请编制会计分录。

$$应退消费税额 = 100\,000 \times 30\% = 30\,000(元)$$

借：其他应收款——应收出口退税款（烟丝）   30 000
    贷：主营业务成本——自营出口销售成本（烟丝）   30 000

2. 实行从量定额征收办法

12月28日，上海永达国际贸易有限公司计提本月出口黄酒的应退消费税额，采购该批黄酒的不含税金额为100 000元，共10吨，消费税标准为240元/吨，请编制会计分录。

$$应退消费税额 = 10 \times 240 = 2\,400(元)$$

借：其他应收款——应收出口退税款（黄酒）   2 400
    贷：主营业务成本——自营出口销售成本（黄酒）   2 400

3. 实行复合计税征收办法

12月28日,上海永达国际贸易有限公司计提本月出口白酒的应退消费税额,采购该批白酒的不含税金额为100 000元,共500千克,消费税税率为20%,消费税标准为1元/千克,请编制会计分录。

应退消费税额＝100 000×20%＋500×1＝20 500(元)

借：其他应收款——应收出口退税款(黄酒)　　　　　　　　　　　20 500
　　贷：主营业务成本——自营出口销售成本(黄酒)　　　　　　　　　20 500

二、生产型外贸企业出口免、抵、退税核算

(一)应退增值税的核算

11月8日,上海都宝实业有限公司申报免抵退税后,结转当期不得免征和抵扣税额,请编制会计分录。

出口商品相关信息：黄酒的FOB价为USD10 000,增值税税率为13%,出口退税率为10%,本月美元记账汇率为6.100 0,从国内购进的免税原材料为5 000元人民币。

当期不得免征和抵扣税额＝10 000×6.100 0×(13%－10%)－5 000×(13%－10%)
　　　　　　　　　　＝1 680(元人民币)

借：主营业务成本——自营出口销售成本(黄酒)　　　　　　　　　1 680
　　贷：应交税费——应交增值税(进项税额转出)　　　　　　　　　　1 680

(二)计提免抵退税应退税额

11月8日,上海都宝实业有限公司申报免抵退税后,计提免抵退税应退税额,请编制会计分录。

出口商品相关信息：黄酒的FOB价为USD10 000,增值税税率为13%,出口退税率为10%,本月美元记账汇率为6.100 0,从国内购进的免税原材料为5 000元,期末留抵税额为5 000元人民币。

当期免抵退税额＝10 000×6.100 0×10%－5 000×10%＝5 600(元人民币)

当期免抵退税额5 600(元人民币)＞期末留抵税额5 000(元人民币)

当期应退税额＝期末留抵税额＝5 000(元人民币)

借：其他应收款－应收出口退税款　　　　　　　　　　　　　　　5 000
　　贷：应交税费－应交增值税(出口退税)　　　　　　　　　　　　　5 000

(三)计提免抵退税的免抵税额

11月8日,上海都宝实业有限公司申报免抵退税后,计提免抵退税的免抵税额,请编制会计分录。

出口商品相关信息：黄酒的FOB价为USD10 000,增值税税率为13%,出口退税率为10%,本月美元记账汇率为6.100 0,从国内购进的免税原材料为5 000元人民币,期末留抵税额为5 000元人民币。

当期免抵退税额＝10 000×6.100 0×10%－5 000×10%＝5 600(元人民币)

当期免抵退税额5 600(元人民币)＞期末留抵税额5 000(元人民币)

当期应退税额＝期末留抵税额＝5 000(元人民币)

当期免抵税额＝免抵退税额－当期应退税额＝5 600－5 000＝600(元人民币)

借：应交税费——应交增值税(出口抵减内销产品应纳税额)　　　　600
　　贷：应交税费——应交增值税(出口退税)　　　　　　　　　　　600

（四）收到免抵退税的应退税额

12月6日，上海都宝实业有限公司收到上月出口退税款5 000元人民币，请编制会计分录。

借：银行存款——中国农业银行(人民币户)　　　　　　　　　　5 000
　　贷：其他应收款——应收出口退税款　　　　　　　　　　　　　5 000

本章小结

出口退税是国家为增强本国出口商品的竞争力，按税法规定将商品中的间接税退还给出口企业，从而使出口商品以不含税价格进入国际市场，参与国际竞争的一种制度设计。

出口退税遵循的原则是征多少退多少、不征不退和彻底退税。

我国出口退税政策只适用于贸易性的出口货物，对于非贸易的出口货物，如捐赠品、不作销售的展品、样品以及个人在国内购买自带离境的货物等，不能办理出口退税。

针对增值税和消费税征纳的具体办法，其出口退税具体办法分别为：增值税退税办法分为免抵退税办法和免退税办法；消费税退(免)税办法分为免税并退税办法和免税不退税办法。

在本章增值税、消费税出口退税的学习过程中应分别生产企业、外贸企业的具体特征予以分析比较。

关键术语

出口退税　增值税　消费税　出口免税并退税　出口免税但不退税　出口不免税也不退税　免抵退

思考题

1. 简述出口退税政策产生的原因。
2. 简述增值税出口退税的具体政策。
3. 简述消费税出口退税的具体政策。
4. 简述增值税退税额的计算办法。
5. 简述消费税退税额的计算办法。

参 考 文 献

[1] 李凤亭,余恕莲.对外经贸会计实务[M].北京:中国商务出版社,2010.
[2] 纪洪天,陈婉芳,冯福妹,等.新编外贸会计[M].6版.上海:立信会计出版社,2016.
[3] 杨雄,张雪燕.外贸会计[M].北京:北京理工大学出版社,2018.
[4] 杨瑾淑,佘雪峰.外贸业务会计实务[M].北京:中国人民大学出版社,2017.
[5] 万顾钧,公华.外贸会计实务与实训[M].上海:立信会计出版社,2017.
[6] 徐文丽.涉外企业会计[M].上海:立信会计出版社,2011.
[7] 丁元霖.外贸会计[M].4版.上海:立信会计出版社,2014.
[8] 窦洪波,李贺,李园园.外贸会计实务——应用、技能、实训[M].大连:东北财经大学出版社,2016.
[9] 徐玉树.外贸会计账务处理实务——经验·技巧分享[M].北京:中国海关出版社,2013.